AUF TOUR
Ohne Auto mobil.
Freizeitspaß mit Bus & Bahn
Nürnberg und Umgebung

Herausgegeben in Kooperation mit dem Verkehrsverbund Großraum Nürnberg (VGN)

Wir bedanken uns beim Fremdenverkehrsverband Franken e.V. für die freundliche Unterstützung.

© 1993 ZEITGEIST VERLAG
& TV-Produktionsges.mbH
Düsseldorfer Str. 49
40545 Düsseldorf
Tel. 0211/556255, Fax 575167
Alle Rechte vorbehalten.
Konzept und Gestaltung ges. geschützt.

Alle Angaben erfolgen nach bestem Wissen, jedoch ohne Gewähr.

Herausgeber:	Hubert Bücken
Autor:	Herbert Walchshöfer
Junge Szene:	Jürgen Prommersberger
	Manfred Hager
Redaktion:	Claudia Lück
	Elke-Vera Kotowski
Redaktionelle Mitarbeit:	Alice Walchshöfer
	Annette Gillich
Sonderteil VGN:	Verkehrsverbund Großraum Nürnberg
Litho:	Softype, Düsseldorf
Druck:	Graphischer Großbetrieb Pößneck/Thür. (Mohndruck)

Printed in Germany

Exklusiv-Vertrieb durch Verlag Ullstein GmbH, Berlin

ISBN 3-926224-36-3

Unser Titelfoto zeigt Gunzenhausen an der Altmühl.
(Bildnachweis auf Seite 146)

Info-Telefon VGN
Nürnberg
0911/27075-0
Die Anschriften und Telefonnummern der VGN-Unternehmen finden Sie auf Seite 160.

Freizeitspaß mit Bus und Bahn

Inhalt

	Seite
Ein paar Hinweise zum Buch	6
Unterwegs mit dem VGN	6
Kaiserburg Nürnberg	8
Christkindlesmarkt	9
Nostalgie auf Schienen	10
Germanisches Nationalmuseum	13
Die Römer in Weißenburg	14
Neues Fränkisches Seenland	16
Schöne Orte	18
Kunstausstellungen	19
Sportliche Highlights	20
Badespaß	24
Zu den Sternen	29
Radverleih	30
Flugplätze	34
Hits für Kids	36
Höhlen	40
Zur schönen Aussicht	43
Rundfahrten	46
An fränkischen Gewässern	48
Brunnen	50

Märkte	53
Wandertouren	54
Friedhöfe	59
Naturparks	60
Messen in Nürnberg	62
Festivals	64
Bühnenzauber	67

JUNGE SZENE

Bars	70
Frühstücken	73
Discotheken	74
Szene-Lokale	76
Biergärten	83
Theater Spezial	84
Live-Spektakel	86

Feste - Tradition und Brauchtum	88
Burgen und Schlösser	96
Parks und Botanische Gärten	105
Bäume mit Geschichte	109
Historische Bauwerke und Denkmäler	111
Museen	116
Kirchen	124
Einkaufen mit dem VGN	134
Die Städte und Gemeinden im VGN-Gebiet	**136**
Umsteigen auf Bus und Bahn - Der VGN sagt, wie es geht	**147**

Unterwegs mit dem VGN

Das Gebiet des Verkehrsverbundes Großraum Nürnberg (VGN) umfaßt eine Fläche von 5770 Quadratkilometern. 1,6 Millionen Menschen leben in 169 Städten und Gemeinden, einschließlich den Großstädten Nürnberg, Erlangen und Fürth. 207 Linien (Regional- und S-Bahnen, U-Bahnen und Straßenbahnen sowie Ominibusse in den Städten und in der Region) bedienen mehr als 2500 Haltestellen und sorgen für ein umfangreiches Angebot an öffentlichen Verkehrsmitteln. Das Netz wird von Jahr zu Jahr dichter.

Auch der Freizeitmarkt profitiert von einem flächendeckenden ÖPNV. Immer mehr Menschen möchten in der Freizeit mal das Auto stehen lassen und umsteigen auf öffentliche Verkehrsmittel. Das kommt nicht nur unserer Umwelt zugute, sondern so beginnt auch die Erholung schon auf dem Weg ins Grüne oder zum Museum. Wie viele Möglichkeiten es für einen Sonntagsausflug mit dem VGN gibt, zeigt dieses Buch. Hunderte von Sehenswürdigkeiten, Ausflugs- und Freizeitzielen haben wir zusammengetragen. Die meisten sind mit Bussen und Bahnen gut zu erreichen.

Nur wenige Ziele, auf die wir hier wegen ihrer Originalität oder ihrer beachtenswerten Geschichte nicht verzichten wollten, kann man mit öffentlichen Verkehrsmitteln nicht direkt anfahren - besonders am Wochenende. Das heißt im Klartext: Die Haltestellen liegen bei diesen Zielen nicht gerade um die Ecke. Hier ist mit der Bus- oder Bahnfahrt eine Wanderung oder eine Fahrradtour verbunden. Die Länge des Weges ab Haltestelle haben wir jeweils angegeben. Die Radler unter Ihnen finden nützliche Infos über die Mitnahme von Fahrrädern in öffentlichen Verkehrsmitteln im Kapitel Radverleih (Seite 30).

Für die Anreise haben wir entweder die schnellste oder die gebräuchlichste Verbindung ab Nürnberg Hauptbahnhof (Nbg Hbf) oder vom jeweils nächsten größeren Bahnhof gewählt. Wenn Sie nähere Informationen zum Fahrplan benötigen, wenden Sie sich bitte an den VGN (Tel. 0911/27075-0, Stichwort „Persönlicher Fahrplan").

Hinweise zur Benutzung öffentlicher Verkehrsmittel gibt Ihnen der Verkehrsverbund ab Seite 147. Dort sind auch die verschiedenen Tarifangebote erläutert. Ein Tip vorweg: Für Ausflüge mit der Familie oder mit Freunden eignen sich ganz besonders die beiden Versionen der Familien-Tages/Wochenendkarte. Mit diesen Fahrscheinen können bis zu zwei Erwachsene und vier Kinder bis 17 Jahre von Montag bis Freitag einen Tag (am Wochenende zwei Tage) die öffentlichen Verkehrsmittel im Verbundraum besonders günstig nutzen.

Ein paar Hinweise zum Buch

Hbf = Hauptbahnhof
Bf = Bahnhof
ZOB = Zentraler Omnibusbahnhof
R = Regionalbahn
S = S-Bahn
U = U-Bahn
Stb = Straßenbahn
H = Haltestelle

Fahrzeit: Hier ist die Zeit angegeben, die Sie im Bus oder in der Bahn sitzen. Unter Umständen kommen Wartezeiten an den Haltestellen hinzu. Vor allem am Wochenende. Unsere Angaben sollen Ihnen eine ungefähre Vorstellung von der Entfernung geben.
-> heißt Richtung

Ö: heißt Öffnungszeit
E: heißt Eintritt

Alle Orte sind innerhalb der Kapitel in alphabetischer Reihenfolge aufgeführt.

DAS GEBIET DES VGN

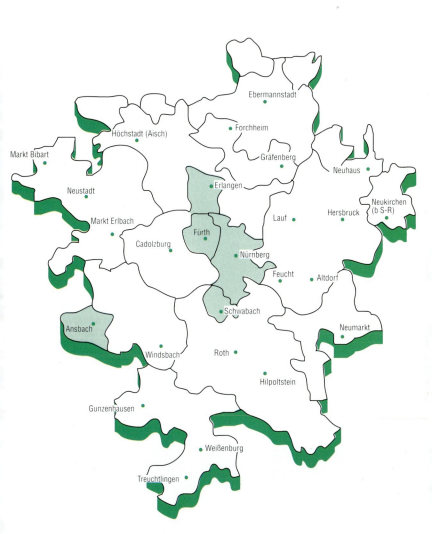

Viel Spaß bei der Lektüre dieses Buches und jede Menge Anregungen für erholsame Freizeitstunden wünschen Ihnen Ihr

Verkehrsverbund Großraum Nürnberg

und Ihr

KAISERBURG NÜRNBERG

Tel.: 0911/225726
Linie: Stb 4
H: Tiergärtnertor
Ö: April-Sept. tägl. 9-12 u. 12.45-17 Uhr, Okt.-März 9.30-12 u. 12.45-16 Uhr
E: Erw. 3,- DM, ermäßigt 2,- DM

Die Burg ist das Wahrzeichen der Stadt. Hier begann die Entwicklung Nürnbergs. Auf einem Sandsteinfelsen über der Dachlandschaft der Altstadt vermittelt die Burg schon von weitem ein Bild harmonischer Geschlossenheit. Erstaunlich eigentlich, denn die zahlreichen Bauten sind zu verschiedenen Zeiten entstanden. Kaiserburg, Burggrafenburg, reichsstädtische Bauten und die wuchtigen Bastionen mit dem Burggärtlein obendrauf bilden die imponierende Anlage, die eine Ausdehnung von über 200 Metern erreicht.

Auf der Kaiserburg gibt es viel zu entdecken: den Palas mit Kaiser- und Rittersaal, kaiserliche Empfangs- und Wohnzimmer, den Kemenatenbau, den Heidenturm, den Kapellenbau mit der romanischen Doppelkapelle, den Vorhof mit dem aus dem 12. Jh. stammenden mächtigen Sinwellturm und dem 50 Meter in Sandstein gehauenen „Tiefen Brunnen" (siehe S. 50).

Auf der einstigen Burggrafenburg residierte ein königlicher Beamter, dem die Burgverteidigung und die Verwaltung des dazugehörigen Reichsgutes anvertraut war. Aus diesen Aufgaben entwickelte sich das Burggrafenamt, das seit 1192 die Hohenzollern wahrnahmen. Von diesem Burgbereich stehen nur noch der fünfeckige Turm, die Burgamtmannswohnung und die Walpurgiskapelle.

Der Luginsland aus dem Jahre 1377 war der erste städtische Bau auf dem Sandsteinfelsen, er diente der Beobachtung der Burggrafenburg. In den Jahren 1494/95 kam die Kaiserstallung hinzu, ein Getreidespeicher des Stadtbaumeisters Hans Beheim d.Ä. Heute sind in dem stattlichen Bau die Jugendherberge und das Jugendgästehaus untergebracht.

Wahrzeichen Nürnbergs: die mächtige Kaiserburg hoch über der Stadt.

CHRISTKINDLESMARKT

Der Christkindlesmarkt verzaubert jedes Jahr vor Weihnachten die Stadt.

Nürnberg, Am Hauptmarkt

Veranstaltungs-Infos unter Tel.: 0911/2336-0

Linie: U 1/11, Bus 36

H: Lorenzkirche bzw. Hauptmarkt

Freitag vor dem 1. Advent bis Heiligabend 12 Uhr

Spätestens am Freitag vor dem ersten Advent verwandelt sich die Nürnberger Altstadt in ein Wintermärchen: Der weltberühmte Christkindlesmarkt wird feierlich eröffnet. Nach dem Prolog des Christkindle (jeweils 17.30 Uhr) bieten 165 Buden aus Holz und Tuch all das, was zu einem richtigen Weihnachtsmarkt gehört: Vor allem die berühmten Nürnberger Rostbratwürste, das Hutzelbrot, die Zwetschgenmännle, Rauschgoldengel und natürlich die Lebkuchen.

Der Christkindlesmarkt ist ein Ereignis der Superlative: Mit rund zwei Millionen Besuchern zählt der Markt in der Noris zu den größten Veranstaltungen dieser Art im Bundesgebiet. Dementsprechend eng wird es auf dem Hauptmarkt - speziell an den Wochenenden. Wer's gemütlicher mag, bummelt am Abend, wenn die Busse und Sonderzüge die Stadt verlassen haben, über den „schönsten Weihnachtsmarkt der Welt", der übrigens zu den ältesten zählt. Seit der Zeit der Reformation ist der „Kindleinsmarkt" in Nürnberg verbürgt.

Veranstaltungen, wie Chor- und Posaunenkonzerte, der Lichterzug der Nürnberger Schulkinder (immer am zweiten Markt-Donnerstag um 18.30 Uhr) oder die Auftritte von Nikolaus und Christkindle prägen die unvergleichliche Atmosphäre dieses traditionellen, festlichen Marktes.

NOSTALGIE AUF SCHIENEN

Zur Eisenbahn hat die Stadt Nürnberg eine ganz besondere Verbindung: 1835 schnaufte die allererste deutsche Dampfeisenbahn von Nürnberg nach Fürth. Dieser alten Tradition wird jetzt wieder Dampf gemacht: Mit den historischen Originalfahrzeugen des Nürnberger Verkehrsmuseums bietet die hiesige Bundesbahndirektion das mit Abstand abwechslungsreichste Programm für Bahnfans in Deutschlands. Geschichte - nicht nur der Bahn - wird so lebendig vermittelt.

NÜRNBERG
Verkehrsmuseum

Lessingstr. 6, Tel.: 0911/2192428
Linie: U2
H: Opernhaus
Ö: Mo-So 9.30-17 Uhr
E: Erw. 5,- DM, Kinder 2,- DM

Wer sich für die Eisenbahn und ihre Vergangenheit interessiert, sollte seine Erkundungstour im Museum beginnen: In der 1899 als „Königlich Bayrisches Eisenbahnmuseum" eröffneten Ausstellung ist die Geschichte der Bahn lebendig gestaltet. Berühmte Originalfahrzeuge auf 360 Meter Gleis können bewundert werden. Es gibt u.a. die größte Eisenbahnmodellsammlung im Maßstab 1:10 und eine große Modellbahnanlage zu sehen. Die Postabteilung des von Bundesbahn und Bundespost getragenen Museums dokumentiert die Geschichte der Post in Bayern. Hier stehen Kutschen, Postfahrzeuge sowie Schalteranlagen der Post im Original.

Die Fahrten der „Dampf-Nostalgie" beginnen jeweils im Mai und werden bis in den November hinein angeboten. Die Reisen führen zum Beispiel auf landschaftlich reizvollen Strecken durch Thüringen und Sachsen. Aber auch die Nürnberger Umgebung steht mit Fahrten in den Rangau oder in die Fränkische Schweiz hoch im Kurs. Die aktuellen Programme sind unter Tel. 0911/2192844 zu erfragen.

Nicht aerodynamisch, aber schick: die roten Kuppelachsen einer Güterlokomotive.

Fast wie im Wilden Westen: mit der Dampfbahn durch die Fränkische Schweiz.

ROTH
Gredl-Bahn

Strecke Roth - Hilpoltstein - Thalmässing
Ab Nbg Hbf R 6 (ca. 30 Min.)
H: Roth Bf

Zweimal im Jahr - im Juni und im September - dampfen die Loks der Gredl-Bahn mit vollen Waggons von Nürnberg bzw. Roth nach Thalmässing. Die Strecke von Roth nach Thalmässing ist rund 27 Kilometer lang und überwindet einen Höhenunterschied von 128 Metern.

Zwischen Eysölden und Alfershausen überquert die Bahn die Europäische Wasserscheide. Eigentlich verlief der Schienenstrang der „alten Gredl", wie die Leute im Landkreis Roth liebevoll sagen, ab 1888 von Roth über Hilpoltstein und Thalmässing nach Greding. Aus betrieblichen Gründen wurde die Strecke von Thalmässing nach Greding ab 1972 nicht mehr bedient. Zwei Jahre später wurde auch die Bedienung von Thalmässing eingestellt. Heute fährt die Bahn nur noch bis Hilpoltstein. Übrigens dürfen bei den Nostalgie-Fahrten Fahrräder kostenlos mitgenommen werden, was die beiden „Gredl-Tage" zusätzlich zu einem variantenreichen Familienvergnügen macht. Informationen zu den Fahrten: Landratsamt Roth, Verkehrsamt 09171/81329.

EBERMANNSTADT
Museumsbahn

Ab Forchheim Bf R 22 (Fahrzeit 24 Min.) oder Bus 221 (Fahrzeit 30 Min.)
H: Ebermannstadt

Seit 1980 gehören die Dampfzüge der Museumsbahn Ebermannstadt-Behringersmühle zum gewohnten Bild im romantischen Wiesenttal in der Fränkischen Schweiz. In der Zeit von Ostern bis Ende September verkehren drei Dampf- und Diesellokomotiven mit ihren Wagen jeweils an den Wochenenden (Sa und So um 10.10 und 14.10 ab Ebermannstadt und 11.15 und 15.15 Uhr ab Behringersmühle). Der genaue Fahrplan ist dem DB-Kursbuch (Tabelle 12821) zu entnehmen. Im 14-Tage-Rhythmus fahren die Dampfzüge (zum VGN-Familientarif) sogar von Forchheim bis nach Ebermannstadt. Die Züge werden vom Verein Dampfbahn Fränkische Schweiz e.V. auch vermietet (Kontakt: Tel. 09131/67599). Fahrplan-Informationen unter Tel.: 09131/65873.

„Kann denn mal einer den Müll runtertragen?"

Nein.
Der bleibt hier!

Der Gesunde Menschenverstand: Müllproduktion gefährdet Ihre Gesundheit. Der Müll einer Generation enthält die Menge an Gi und Schadstoffen, die ausreicht, den Planeten Erde zu vernichte

Wenn Sie mehr zu diesem und anderen Umwelt-Themen wissen möchten, schreiben Sie bitte an den BUN

Bund für Umwelt und Naturschutz Deutschland e.V.

BUND

Im Rheingarten 7
5300 Bonn 3

GERM. NATIONALMUSEUM

Der moderne Anbau bildet einen frischen Kontrast zu dem historischen Museum.

Nürnberg, Kornmarkt 1, Tel.: 0911/13310
Linie: U2
H: Opernhaus
Ö: Di-So 10-17 Uhr, Do 10-21 Uhr, an Feiertagen Sonderregelung
E: Erw. 5,- DM, Kinder 2,- DM, So u. feiertags frei

Das Germanische Nationalmuseum, im Jahre 1852 von Freiherr Hans von und zu Aufseß gegründet, ist das größte Museum deutscher Kunst und Kultur. Und mehr noch: Seit der Fertigstellung des Anbaus und des neuen Eingangsbereiches zählt das Museum mit einer Fläche von 50.000 Quadratmetern sogar weltweit zu den größten Einrichtungen dieser Art.

Schwerpunkte sind Schausammlungen zur Kunst und Kultur des deutschsprachigen Raumes von 30.000 v. Ch. bis zur Gegenwart, die in einem ehemaligen Kartäuserkloster (plus An- und Neubauten) untergebracht sind: Gemälde, Skulpturen, Spielzeug und Puppenhäuser, Musikinstrumente, Waffen- und Jagdgeräte. Auch wissenschaftliche Instrumente, Zeugnisse des Apotheken- und Medizinalwesens, Dokumentationen des Handwerks und der Zünfte sowie Trachten und Hausrat können hier bewundert werden. Die Studiensammlungen mit Kupferstichkabinett, Historischem Archiv, Bibliothek (mit dem umfangreichsten Angebot zu Kunst und Kultur in Deutschland) und Münzkabinett zählen zu den Besonderheiten des Hauses, das nicht nur in Fachkreisen als „Wiege der Wissenschaften" bezeichnet wird.

Ebenfalls hier untergebracht ist das Gewerbemuseum, das 1869 maßgeblich von den Industriellen Lothar von Faber und Theodor von Cramer-Klett ins Leben gerufen und bereits 1874 eröffnet wurde. Die Exponate umfassen deutsches und außereuropäisches Kunsthandwerk (Glas, Keramik, Metalle, Holz, Textilien, Papier, Elfenbein, Stein und Leder).

Jeden Sonntag werden kostenlose Führungen von wissenschaftlichen Referenten veranstaltet (jeweils 11 Uhr), Gruppenführungen organisiert das Kunstpädagogische Zentrum (Tel. wie oben). Außerdem präsentiert das Museum laufend Sonderausstellungen, über die die Tagespresse und das Monatsmagazin informieren.

DIE RÖMER IN WEISSENBURG

Ihre römische Vergangenheit macht Weißenburg zu einer der ältesten Städte in Bayern. Hier verliefen die „Teufelsmauer" - der Limes - und die alte Römerstraße. Den Ruf einer Römerstadt bekam Weißenburg erst in den 70er Jahren des 20. Jahrhunderts, obwohl schon 1890 das Kastell Biriciana ausgegraben wurde. Fast hundert Jahre mußten vergehen, bis weitere großartige Zeugen der Geschichte ans Tageslicht kamen: 1977 die Römerthermen und 1979 ein Römerschatz mit 156 Teilen (im Römermuseum).

Nach zweijährigen Ausgrabungen wurde 1989/90 das Nordtor des Kastells (porta decumana) rekonstruiert. Es ist das Symbol der Regio Biriciana mit Weißenburg als Mittelpunkt. Dazu gehört aber auch das nahe Umland mit Ellingen (Sablonetum), dem römischen Gutshof am Nagelberg bei Treuchtlingen, dem Römerbad Theilenhofen (Iciniacum) und dem Kleinkastell (Burgus) auf dem Jura bei Burgsalach. Die Regio Biriciana mit ihren rund 4000 Bewohnern war gleichzeitig Militärlager und Zivilort im Grenzbereich des römischen Weltreiches. Diese Ausflugsziele in Weißenburg werden Ihnen davon einen kleinen Eindruck vermitteln:

Römermuseum

Martin-Luther-Platz 3, Tel.: 09141/907-124
Ab Nbg Hbf R 6
Fahrzeit: 38 Min.
Haltestelle: Weißenburg Bf
Ö: März-Dez. tägl. außer Mo 10-12.30 u. 14-17 Uhr
E: Erw. 3,- DM, Kinder 1,50 DM

Der Römerschatz mit 156 Teilen ist der Mittelpunkt des 1983 eröffneten Römermuseums, einer Zweigstelle der Prähistorischen Staatssammlung in München. Der Schatzfund zählt zu den bedeutenden archäologischen Sammlungen Deutschlands. Er wurde 1979 von einem Lehrer beim Anlegen eines Spargelbeetes in 30 Zentimeter Tiefe entdeckt. Der Freistaat Bayern ließ sich den Erwerb mehr als eine Million Mark kosten. Vom Römermuseum ist es nicht weit zu den Ruinen des Kastells Biriciana. Der Weg dorthin ist ausgeschildert. Exponate aus der Römerzeit finden Sie auch im Stadtmuseum Gunzenhausen (Museen ab S. 116).

Römische Thermen

Am Römerbad, Tel. 09141/907-124
Ab Nbg Hbf R 6
Fahrzeit: 38 Min.
H: Weißenburg Bf
Ö: April-Okt. tägl. wie Römermuseum
E: Erw. 2,- DM, Kinder 1,- DM Kombi-Karte Museum/Thermen Erw. 4,- DM, Kinder 2,50 DM

Die größte der bisher bekannten drei Weißenburger Römerthermen wurde im Jahre 1977 aufgefunden. Die vorbildliche Sanierung erfolgt sichtbar für die Besucher unter einem zeltartigen Dach. In nur drei Jahren wurde die größte Anlage dieser Art in Süddeutschland von ungarischen Experten ausgegraben.

ELLINGEN
Limes

Ab Nbg Hbf R 6
Fahrzeit: ca. 50 Min.
H: Ellingen

Die ehemalige Grenze des römischen Weltreiches - einstmals von 60 Kastellen und etwa 900 Wachtürmen auf einer Länge von 548 Kilometern abgesichert - ist im Bereich Weißenburg besonders gut auszumachen. Am besten beginnt man mit der „Grenz-Wanderung" am Römer-Kastell bei Ellingen und verfolgt dann den Wall bis Raitenbuch. Im dortigen Wald ist der Limes besonders ausgeprägt.

Auf dieser Wanderung kommt man übrigens an einer weiteren römischen Sehenswürdigkeit vorbei: dem rekonstruierten Römerwachturm in Burgsalach.

Die Römischen Thermen zählen zu den Attraktionen Weißenburgs.

FRÄNKISCHES SEENLAND

„Wälder, Wasser, Gastfreundschaft" lautet der Werbeslogan des Feriengebietes Fränkisches Seenland, das als Nebenprodukt einer gigantischen wasserwirtschaftlichen Baumaßnahme seit Mitte der achtziger Jahre ca. 30 km südlich von Nürnberg entsteht. Innerhalb kürzester Zeit hat es immer mehr Freunde gefunden. Das neue Urlaubsdorado zwischen Gunzenhausen und Allersberg verfügt über nahezu alle touristischen Angebote, die heutzutage ein attraktives Feriengebiet auszeichnen.

Entstanden ist dieses für Deutschland einmalige Jahrhundertprojekt mit dem Altmühlsee, dem Brombachsee und dem Rothsee inmitten einer alten Kulturlandschaft. Römer und Karolinger hinterließen ihre Spuren. Klöster, Burgen, Residenzen, ehemalige Reichsstädte, Kirchen von Rang und stolze fränkische Dörfer bilden einen Kontrast und eine Ergänzung zu unbeschwerter Erholung an den neuen Seen. Große Unterschiede bei den Wassermengen zwischen Nord- und Südbayern sowie der Überleitung von Altmühl- und Donauwasser in das Regnitz-Main-Gebiet waren der Grund für das wasserwirtschaftliche Bauvorhaben. Die Größe der Wasserflächen und das Erholungsangebot im Neuen Fränkischen Seenland wird bald der oberbayerischen Seenlandschaft kaum mehr nachstehen.

Rothsee

Ab Nbg Langwasser Mitte Bus 609 (Linie verkehrt Ostern - Ende Okt. Sa u. So, während der Sommerferien tägl.)
Fahrzeit: ca. 40 Min.
H: am Rothsee Polsdorf/Grashof/Birkach

Der Rothsee liegt im südlichen Nürnberger Reichswald zwischen den Städten Allersberg, Hilpoltstein und Roth im Tal der Kleinen Roth. Er erreicht mit einer Größe von 220 Hektar etwa die Dimensionen des Schliersees. Während die Vorsperre einen konstanten Wasserstand aufweist, kann der Wasserpegel in der Hauptsperre um bis zu sieben Meter variieren. Der Rothsee wird aus dem an der Hauptsperre vorbeiführenden Main-Donau-Kanal und von der Kleinen Roth gespeist. Er ist Teil des Wasserüberleitungssystems Donau-Main und wird vom Freistaat Bayern gebaut. Über die Pumpwerke am Main-Donau-Kanal wird bei Bedarf aus der Donau bei Kelheim und aus der unteren Altmühl bei Dietfurt das Wasser stufenweise über die Europäische Wasserscheide zwischen Donau und Rhein gefördert. Aus der großen Kanalschleuse bei Eckersmühlen fließt das Wasser in die Talsperre Kleine Roth. Aus dem Rothsee kann das Wasser dann über den Rothfluß in die Rednitz und damit über die Regnitz in den Main geleitet werden. An den Ufern des Rothsees sind bereits Badestrände mit Imbißbuden usw. entstanden. Über die Radwanderwege Nürnberg-Rothsee-Altmühltal (58 km), Rothsee-Brombachsee (37 km), Ludwigskanal-Rothsee (33 km) und Rothsee-Altmühlsee (55 km) informiert die Radwanderkarte des Landkreises Roth (Weinbergweg 1, 91154 Roth).

Brombachsee

Ab Pleinfeld Bf R 62 oder Bus 621
Fahrzeit: 9 bzw. 16 Min.
H: Ramsberg oder Langlau Bf

Der Brombachsee besteht zur Zeit aus den bereits fertiggestellten Vorsperren Igelsbachsee und Kleiner Brombachsee. Erst Mitte der neunziger Jahre wird der Große Brombachsee geflutet. Er wird eine Gesamtwasserfläche von 1270 Hektar haben - mehr als der Tegernsee. Schon heute ist die Wasserfläche der Vorsperre mit rund 270 Hektar der Mittelpunkt des Freizeitgebietes im Seenland.

An den Sandstränden und den Ruhezonen im Steckerlaswald, der nahe ans Wasser heranreicht, erholen sich Urlauber und Ausflügler aus dem Großraum Nürnberg. Wer sich für eine fachkundige Seenführung (Altmühlsee, Brombachsee, Igelsbachsee) interessiert, kann eigens geschulte Seenführer (DM 60,- für 2 1/2-Stunden-Führung) engagieren: Zweckverband Brombachsee Tel.: 09144/571 oder Verkehrsamt Gunzenhausen, Tel.: 09831/50876.

Bootsverleih

Brombachsee

Badehalbinsel Absberg und See-Campingplatz Langlau. Ruderboot 7,- DM/Std. (5,- DM/1/2 Std.), Tretboot 10,- DM/Std. (7,- DM/1/2 Std.) Auskunft unter Tel.: 09144/571

Altmühlsee

Seezentrum Muhr am See und Schlungenhof. Ruderboot 7,- DM/Std., Tretboot 10,- DM/Std., Elektroboot 15,-DM/Std. Auskunft unter Tel.: 09831/611

Altmühlsee

Ab Pleinfeld R 62 oder Bus 621
Fahrzeit: 17 bzw. 32 Min.
H: Gunzenhausen, ab dort ca. 20 Min. Fußweg

Obwohl der Altmühlsee bei Gunzenhausen erst 1985 geflutet wurde, ist er heute aus der Landschaft des ehemaligen Altmühltales nicht mehr wegzudenken. Einschließlich der Flachwasser- und Inselzone, die als Biotop für bedrohte Tiere und Pflanzen geschaffen wurde, überschreitet der Altmühlsee mit 540 Hektar die Größe des Königsees. Der rund vier Kilometer lange Stausee wird bis zu 1,7 Kilometer breit, hat eine Dammlänge von zwölf Kilometern und erreicht eine Kronenbreite von fünf Metern. Der drei Meter tiefe See soll überflüssiges Altmühl-Hochwasser über einen neun Kilometer langen Kanal in die Brombachtalsperre leiten, von wo aus im Bedarfsfall die Abgabe über den Brombach, die Schwäbische Rezat und die Rednitz in das wasserärmere Regnitz-Main-Gebiet erfolgt.

Neben seiner eigentlichen wasserwirtschaftlichen Bedeutung hat der Altmühlsee innerhalb kürzester Zeit eine enorme Akzeptanz im Freizeitbereich erfahren. So ist der See Naherholungs-Dorado für die Bürger des Großraumes und gleichzeitig gefragtes Urlaubsdomizil für Gäste aus der ganzen Bundesrepublik und den Nachbarländern. Auf der Dammkrone des Sees verläuft zudem ein Wander- und Radweg, und an verschiedenen Uferstellen stehen Informations- und Erholungseinrichtungen. (Infos zum Radwegenetz siehe Rothsee)

Der Brombachsee ist ein Sommerhit für Wasserratten und (Sand-)Burgherren.

SCHÖNE ORTE

Im Romantiker-Jahr der Fränkischen Schweiz konnte diese Kleinst-Auswahl nur Streitberg berücksichtigen, und für das touristisch besonders interessante Fränkische Seenland steht in dieser Ausgabe das Hopfenstädtchen Spalt.

SPALT

Verkehrsamt Tel.: 09175/601
Ab Georgensgmünd Bf Bus 606
Fahrzeit: ca. 20 Min.
H: Spalt Bf

Spalt ist ein reizendes kleines Städtchen im Fränkischen Seenland, das vor allem durch den Hopfenanbau bekannt ist. Wunderschöne Fachwerkhäuser prägen das Bild des Dorfes, so zum Beispiel das sehenswerte Kornhaus von 1400. Der Ort Spalt geht zurück auf die Gründung einer Benediktinerabtei in karolingischer Zeit (um 800), die bereits 1031 erstmals als Weinlieferant Karls des Großen urkundlich erwähnt wurde. Im höhergelegenen Straßendorf Großweingarten stehen Fachwerkhäuser mit typischen hohen Dächern für die Hopfentrocknung. In Spalt sollten Sie sich die Kirchen St. Nikolaus und St. Emmeran sowie das Mühlreisighaus ansehen (Kap. Kirchen ab S. 124 u. Historische Bauwerke ab S. 111). Fasching wird in Spalt ausgiebig gefeiert, und der historische Stephansritt zieht viele Besucher an (Kap. Feste ab S. 88).

STREITBERG

Muggendorf/Streitberg, Verkehrsamt Tel.: 09196/224
Ab Forchheim Bf Mo -Fr R 22, Sa u. So Bus 221 bis Ebermannstadt, dann Bus 232 (nur wenige Fahrmöglichkeiten)
Fahrzeit: ca. 40 Min.
H: Streitberg

Wunderschön in einer Felsenlandschaft gelegen und umgeben von großen Wäldern, zählt Streitberg (ebenso wie Muggendorf) zu den idyllischsten Dörfern im Verbundraum des VGN. Das Wiesenttal ist ein beliebtes Ausflugsziel für Wanderer und Radfahrer. Einen Abstecher in den Luftkurort sollten Sie bei einer Tour auf jeden Fall machen. Interessante Aussichtspunkte sind die Burgruinen Neideck und Streitberg. Die evang. Pfarrkirche aus dem 17 Jahrhundert und die Binghöhle (siehe Kap. Höhlen ab S. 40) sind weitere Attraktionen.

Informationen zur Mitnahme von Fahrrädern beim VGN finden Sie im Kap. Radverleih (S. 30).

Große Hopfenanbaugebiete umgeben das Städtchen Spalt im Rangau.

KUNSTAUSSTELLUNGEN

Kunsthalle Nürnberg

**Am Marientor, Tel.: 0911/2312403.
Und Kunsthalle in der Norishalle,
Marientorgraben 8, Tel.: 0911/2017509**

Linien: Stb 3/8/9

H: Marientor

Ö: Di-So 10-17 Uhr, Mi bis 21 Uhr

E: Erw. 3,- DM, Kinder 1,- DM (Karten gelten für beide Häuser)

Die Kunsthalle Nürnberg besteht seit 1967. Nach einer Teilung der städtischen Kunstsammlung in einen alten und einen neuen Teil entstand das Nürnberger Museum und Ausstellungsinstitut für Kunst der Moderne und Gegenwart. Die Einrichtung verfügt über eine umfangreiche Sammlung internationaler zeitgenössischer Kunst der letzten dreißig bis vierzig Jahre. Die Institution Kunsthalle Nürnberg präsentiert sich an zwei Ausstellungsorten: im Gebäude der Kunsthalle an der Lorenzer Straße/Marientorgraben, in dem jährlich fünf Ausstellungen gezeigt werden und in einem Ausstellungsraum in Gebäude der Norishalle (etwa 200 m entfernt). Dort sind seit einigen Jahren unter dem Stichwort „Museumsskizze" vor allem Werke aus der Sammlung in wechselnder Auswahl zu sehen. Während sich die Sammlung auf die Kunst der jüngsten Zeit konzentriert - dabei besonders auf innovative Positionen - ist das Ausstellungsprogramm weiter gespannt. Es erstreckt sich von einzelnen Veranstaltungen zu Themen der klassischen Moderne bis zu den allerjüngsten experimentellen Tendenzen.

Galerien

Ansbach

Maximilians-Galerie, Maximilianstr. 11, 8800 Ansbach, Tel. 0981/2874

Erlangen

Galerie Harmuth Beck, Theaterstr. 1, Erlangen, Tel. 09131/23505
KVE-Galerie, Marktplatz 1, Erlangen
Galerie moderne Kunst, Neue Straße 44, Erlangen, Tel. 09131/204899
Städtische Galerie, Palais Stutterheim, Marktplatz 1, Erlangen, Tel. 09131/26867

Fürth

Galerie Büro für Kunst, Sigmund-Nathan-Str. 10, Fürth, Tel. 0911/708738
Galerie Förstermühle, Würzburger Str. 3, Fürth, Tel. 0911/731087
Galerie Fritz Lang, Buchfinkenweg 9, Fürth, Tel. 0911/762386
Galerie am Theater, Königstr. 107, Fürth, Tel. 0911/770727

Lauf

Galerie Schönberg, Neuhäuser Str. 5, Lauf-Schönberg, Tel. 09123/14991

Neuhaus a.d. Pegnitz

Burg Galerie, Burgstr., Neuhaus a.d. Pegnitz, Tel. 09156/1399

Nürnberg

Galerie in der Lammsgasse, Lammsgasse 12 a, Nürnberg, Tel. 0911/243828
Galerie Decus GmbH, Rosenaustr. 5, Nürnberg, Tel. 0911/270437
Galerie Näke, Voillodterstr. 22, Nürnberg, Tel. 0911/555588
Galerie Bauer & Bloessl, Füll 14, Nürnberg, Tel. 0911/222928
Maximum Galerie, Färberstr. 11/5 OG., Nürnberg, Tel. 0911/390906
Galerie Art In, Allersberger Str. 167 A, Nürnberg, Tel. 0911/476655
Galerie Sima, Hochstr. 33, Nürnberg, Tel. 0911/263409
Galerie Nickel-Zadow, Plobenhofstr. 4, Nürnberg, Tel. 0911/209752
Institut für moderne Kunst in der Schmidt Bank-Galerie, Lorenzer Platz 28, Nürnberg, Tel. 0911/227623
Galerie Artificial, Hummelsteiner Weg 76, Nürnberg, Tel. 0911/335575
Galerie Schreiter, Irrerstr. 17, Nürnberg, Tel. 0911/232967
Akademie der Bildenden Künste, Bingstr. 60, Nürnberg, Tel. 0911/9404-0
Galerie Glasnost, Krugstr. 16/Rückgebäude EG, Nürnberg, Tel. 0911/339677
Galerie Donth, Mögeldorfer Hauptstr. 51, Nürnberg, Tel. 0911/541743
Galerie Defet, Gerhard-Hauptmann-Str. 35, Nürnberg, Tel. 0911/612924
Galerie Weigl, Innere Laufer Gasse 22+27, Nürnberg, Tel. 0911/223650

Schwabach

Galerie im Bürgerhaus, Am Marktplatz, Schwabach
La Nouvelle Galerie, Passage Nördl. Ringstr. 4, Schwabach, Tel. 09122/13960

SPORTLICHE HIGHLIGHTS

Die besten Freeclimber der Welt kraxeln in Nürnberg jedes Jahr um die Wette, und der Ironman Europe ist das europäische Triathlon-Spektakel überhaupt. Das Angebot an spannenden Sportveranstaltungen im Verbundraum des VGN kann sich sehen lassen. Auch die Kicker schieben keine ruhige Kugel: Der Fußballclub Nürnberg (von seinen Fans liebevoll „Club" genannt) kämpft schließlich in der ersten Reihe. Also - auf die Tribüne, fertig, los!

NEUNKIRCHEN (b. Sulzb.-R.)
Internationales
Mountainbike-Rennen

Sportgelände des FC Neunkirchen
Ab Nbg Hbf S 1 bis Lauf (li Pegn), von dort weiter mit R 4
Fahrzeit: 53 Min.
H: Neunkirchen (b S-R) Bf
Infos über Termine und Teilnehmerfeld: Tel.: 09663/435
2. So im Sept.
Eintritt frei

Immer am 2. Sonntag im September (Start jeweils 10 Uhr) treten die Mountain-Biker in Neunkirchen b. Sulzbach-Rosenberg auf einem fünf Kilometer langen Rundkurs (eine Steilabfahrt, zwei Aufstiege) kräftig in die Pedale. Bei der Veranstaltung geht es um wertvolle Punkte im Rahmen des „Mariencups", der jedes Jahr etwa 250 „Rad-Artisten" in der Oberpfalz an den Start lockt. Der Eintritt zu diesem Spektakel ist übrigens frei.

NÜRNBERG
Eishockey

Eisstadion an der Äußeren Bayreuther Str. 98
Linie: Stb 3
H: Nordostbahnhof
Infos über Spiele und Karten: Tel. 0911/563795

Heimstadion des Eishockeyclubs 80 Nürnberg. Der EHC spielt in der 2. Liga. Und wie: Regelmäßig geht hier die Post ab. Spieler und Zuschauer scheinen sich miteinander bestens zu amüsieren. Durch die drangvolle Enge des viel zu kleinen Stadions läßt sich hier niemand die Laune verderben. Deshalb sollten Sie sich frühzeitig um Karten bemühen. Sie sind sehr begehrt, und Pläne für ein neues, größeres Stadion liegen aus finanziellen Gründen auf Eis.

NÜRNBERG
Sportkletter-Weltcup

Frankenhalle, im Messezentrum an der Karl-von-Schönleben-Straße
Linien U 1/11
H: Messezentrum
Ende Okt./Anf. Nov. (5.-7.11.1993)
Infos über Termine und Preise unter Tel.: 0911/86070

Alljährlich im Oktober treffen sich die weltbesten Sportkletterer in der Frankenhalle, um sich beim Weltcup an einem imposanten Kunstgebirge zu messen. Dabei kämpfen sich die Sportler auf extrem schwierigen Kletterrouten an winzigen Kunstgriffen nach oben und müssen dabei auch spektakuläre Überhänge von bis zu zehn Metern überwinden. Es zählt nur die eigene Kraft, technische Hilfen werden bei dieser Klettervariante nicht verwendet. In Nürnberg hat diese junge Sportart innerhalb kurzer Zeit viele Freunde gefunden, was sicherlich auch daran liegt, daß die Fränkische Schweiz vor den Toren der Stadt mit ihren Felstürmen ein Dorado für Freeclimber aus aller Welt ist.

NÜRNBERG
Fußball

Frankenstadion, Stadion Nr. 9, Tel: 0911/940790
Linie: S 2
H: Frankenstadion
Spielbeginn: Sa jeweils 15.30 Uhr, Fr 20 Uhr

SPORTLICHE HIGHLIGHTS

Als hätten sie Saugnäpfe an Händen und Füßen: Freeclimber beim Nürnberger Cup.

Das Frankenstadion ist das Heimstadion des 1. FC Nürnberg. Wenn ein Fußballfan in Deutschland vom „Club" spricht, meint er damit unzweifelhaft den Fußballclub Nürnberg. Der Verein spielt in der 1. Bundesliga sehenswerten Fußball - auch wenn seine besten Tage zugegebenermaßen schon ein paar Jahre zurückliegen. Die letzte deutsche Meisterschaft wurde 1968 in die Noris geholt. Wenn der 1. FCN heute einigermaßen stabil seinen Platz in der ersten Bundesliga behauptet, dann ist dies vor allem Trainer Willi Entenmann und Nationaltorhüter Andy Köpke zu verdanken. Und natürlich dem treuen fränkischen Publikum, das alle 14 Tage ins schmucke Frankenstadion pilgert.

Im Vorverkauf gelöste Eintrittskarten sind übrigens zugleich Fahrkarten für alle VGN-Verkehrsmittel!

Kartenvorverkaufsstellen

AZ-Kartenvorverkauf, Winklerstr. 15, Tel.: 0911/232695
Amtliches Bayerisches Reisebüro, im Hbf, Tel.: 0911/20100
Fan-Shop des 1. FCN, Valznerweiherstr., Tel.: 0911/404074
Karstadt Kartenvorverkauf, an der Lorenzkirche, Tel.: 0911/213551
Kartenkiosk im Maximum, Färberstr. 11, Tel.: 0911/204295
Lotto-Toto Max Morlock, Wendlerstr. 1, Tel.: 0911/442002
Lotto-Toto Stefan Reisch, Äußere Sulzbacher Str. 175, Tel.: 0911/593744
Ferdinand Wenauer, Äußere Laufergasse 38, Tel.: 0911/559717

SPORTLICHE HIGHLIGHTS

NÜRNBERG
Norisring-Rennen

Am Dutzendteich/Steintribüne
Linie: S 2
H: Frankenstadion
Letztes Juni-Wochenende
Infos über Termine und Preise:
Motorsportclub Nürnberg,
Tel.: 0911/533327

Die Nürnberger Veranstaltung zählt zu den bestbesetzten und zuschauerträchtigsten Autorennen um die Internationale deutsche Rennsportmeisterschaft. Die Anfänge des „deutschen Monte-Carlo-Kurses" liegen im Jahr 1947, als noch Motorräder ihre Runden auf dem Norisring drehten und die US-Armee den Fahrern Benzin spendieren mußte. In den siebziger Jahren gaben sich 1000-PS-Boliden ein Stelldichein, und heute dreht sich das Tourenwagen-Karussell jeweils am letzten Juni-Wochenende vor rund 100.000 Zuschauern. In den letzten Jahren war das Rennen auf dem 2,4 Kilometer langen Stadtkurs auf einem Teil des ehemaligen Reichsparteitagsgeländes immer wieder ein Thema der politischen Diskussion. Die Stadt Nürnberg stellte sich schließlich hinter das Spektakel. Sicher zu recht: Der ausrichtende Motorsportclub Nürnberg und der langjährige

Gewonnen! Zieleinlauf beim großen Triathlon-Ereignis „Ironman Europe".

NÜRNBERG
City-Marathon

im Altstadtbereich
Linien: U 1/11
H: Lorenzkirche
Juli
Infos über Termine und Teilnehmerfeld: LLC, Tel.: 0911/264030
Eintritt frei

Der City-Marathon hat Tradition: Erstmals fand die Marathon-Nacht von Nürnberg 1981 statt. Zusätzlich zur klassischen Distanz von 42,195 Kilometern wird jedes Jahr der beliebte St. Lorenz-Lauf über zehn Kilometer und der Kinder-Fun-Lauf der Nürnberger Schulkinder angeboten. Das große Rahmenprogramm, das in die Marathon-Party einmündet, unterhält mit vielen Bands, Aerobic- und Tanzvorführungen sowie einer Sportmodenschau.

NÜRNBERG
Radkriterium

„Rund um die Nürnberger Altstadt"
Ziel: Vestnertorgraben
Linien: Stb 4
H: Tiergärtnertor
Jedes Jahr im September
Infos über Termine und Teilnehmerfeld: Sportamt der Stadt Nürnberg, Tel.: 0911/231-0
Eintritt frei

Nürnbergs Oberbürgermeister Peter Schönlein wußte schon vor dem Start des ersten Radkriteriums 1991: „Das Radrennen wird ein Klassiker!" Recht hat er, denn die Veranstaltung (in der ersten September-Hälfte) ist auf dem besten Weg, dem Ruf der Zweirad-Stadt Nürnberg gerecht zu werden. Rund 500 Fahrer umkreisen vor einer in jeder Beziehung großartigen Kulisse die fünf Kilometer lange Stadtmauer und absolvieren eine Distanz von 125 Kilometern.

ROTH UND HILPOLTSTEIN
Ironman Europe (Triathlon)

Standort Roth:
z.B. Rother Festplatz (Ziel)
Ab Nbg Hbf R 6
Fahrzeit: 18 Min.
H: Roth Bf, von dort kurzer Fußweg
Standort Hilpoltstein:
z.B. Solarer Berg
Ab Roth Bf Bus 611
Fahrzeit: 11 Min.
H: Hilpoltstein

Jeweils im Juli von 7 Uhr bis 22.15 Uhr
Infos über Termine und Teilnehmerfeld: Freizeit und Sport Promotion, Kohlengasse 8, 91154 Roth, Tel.: 09171/63535
Eintritt frei

Der „Quelle Ironman Europe" ist das Triathlon-Topsport-Ereignis Europas schlechthin. Über 1700 Teilnehmer schwimmen 3,8 Kilometer im Europakanal (Schleuse Haimpfarrich, zwischen Roth und Hilpoltstein), radeln dann 180 Kilometer durch den Landkreis Roth und laufen zum Schluß noch eine Marathon-Distanz an den Uferwegen des Main-Donau-Kanals. Der einzige europäische Qualifikationswettbewerb zum legendären Ironman-Klassiker in Hawaii zieht jedes Jahr rund 100.000 Zuschauer an die Strekken.

Der Solarer Berg in Hilpoltstein ist einer der spektakulärsten Punkte entlang der Strecke, denn dort werden die Triathleten dreimal unter frenetischem Jubel der Zuschauer die Anhöhe „hinaufgepeitscht", was viele Sportfreunde mit der Atmosphäre bei der Tour de France vergleichen. Wer sich für diese junge und spannende Sportart interessiert, der darf den Schwimmstart um 7 Uhr nicht versäumen. Und auch der Zieleinlauf auf dem Rother Festplatz (immer gegen 15 Uhr bei den Herren und kurz vor 16 Uhr bei den Damen) stellt beim ersten und beim letzten Teilnehmer (gegen Mitternacht) stimmungsmäßig sogar den Ironman Hawaii in den Schatten.

BADESPASS

Acht Spaßbäder haben wir für Sie auf den folgenden Seiten aufgelistet. Außerdem sechs Nürnberger Hallenbäder und ein Freibad, das mehr zu bieten hat als nur Liegewiesen und Schwimmbecken.

ANSBACH
Freizeitbad Aquella

Am Stadion 2, Tel.: 0981/5757
Ab Ansbach Schloßplatz Bus 758
Fahrzeit: 7 Min.
H: Stadion Bad
Ö: Mo-Fr 9.30-21.30 Uhr, Sa u. So 9.30-20 Uhr
E: Tageskarte Erw. 10,- DM, Kinder 5,- DM

Wellenbad und separates Becken mit großer Rutsche, Wassergrotte. Strömungskanal im Freien. SB-Restaurant.

EBERMANNSTADT
Erlebnisbad

Am Weichselgarten, Tel.: 09194/9465
Ab Forchheim Bf R 22 oder Bus 221
Fahrzeit: 24 bzw. 30 Min.
H: Ebermannstadt Bf
Ö: Mitte Mai-Mitte Sept. Mo-Fr 10-20 Uhr, Sa u. Feiertage 9-20 Uhr
E: Tageskarte Erw. 4,-DM, Kinder 1,- DM, Jugendl. 3,- DM

Erlebnisbad mit Wildbach, Wasserfall, Unterwasserbach mit Massagedüsen, Riesenrutsche. Kinderbecken mit Schiffchenkanal und künstlichen Felsen.

Keine Erfahrung mit Bus und Bahn?

Macht nichts: Ab S. 147 wird das System des VGN genau erklärt

GUNZENHAUSEN
Bade-Freizeit-Zentrum Juramare

Bahnhofsplatz 16, Tel.: 09831/800450
Ab Nbg Hbf R 6 bis Pleinfeld, weiter mit R 62 oder Bus 621
Fahrzeit: 48 bzw. 63 Min.
H: Gunzenhausen Bf
Ö: Di-Fr 10-22 Uhr, Sa u. So 8-18 Uhr
E: Tagesk. Erw. 8,- DM, Kinder 4,- DM

Bade-Freizeit-Zentrum mit Hallenbad und Sonnendeck, Finnische Sauna mit Sonnenbänken, Römisches Dampfbad, Sonnenliegen, Heißwasser-Strudelbad, Freibecken mit Massagedüsen, Wasserstrudel, Gegenstromanlage und Unterwassermusik, Hot-Whirl-Pool im Freien, Kaltwasserpilz, Kneippsche Anwendungen. Restaurant.

HERZOGENAURACH
Atlantis

Würzburger Str. 35, Tel. 09132/4446
Ab Erlangen Busbf Bus 201
Fahrzeit: ca. 30 Min.
H: Herzogenaurach Atlantis
Ö: tägl. 10-22 Uhr
E: Erw. 6,- DM, Kinder 4,- DM, Familienkarte 15,- DM (1 1/2 Stunden)

Fitneßcenter, Wasserrutsche, Außenbecken, Dampfbad, Whirlpool.

HÖCHSTADT A.D. AISCH
Wellenfreibad

Kieferndorfer Weg 77, Tel.: 09193/40144
Ab Erlangen Bf Bus 205
Fahrzeit: ca. 45 Min.
H: Höchstadt (A.)
Ö: Mai u. Sept tägl. 9-19 Uhr, Juni, Juli, Aug. tägl. 8-20 Uhr
E: Erw. 3,50 DM, Kinder 2,50 DM

Freibad mit Wellenbecken (20-Min.-Welle), separates Schwimmerbecken und spezielles Sprungbecken, Restaurant. Übrigens: Das Höchstädter Ozonhallenbad (St.Georgstr. 51) mit 54-m-Wasserrutsche, Whirlpool und Dampfbad soll im Herbst 1993 eröffnet werden.

NEUENDETTELSAU
Novamare Erlebnisbad

Altendettelsauer Str., Tel.: 09874/50235
Ab Ansbach R 7 bis Wicklesgreuth, weiter mit R 71 bzw. Bus 711 bis Laurentiuskirche
Fahrzeit: ca. 20 Min.
H: Windsbach
Ö: Mo-Fr 15-22 Uhr, Sa, So, Feiertage 10.30-18 Uhr. Mo, Mi, Fr 5.45-7.15 Uhr. In den Schulferien werktags ab 13 Uhr
E: Tagesk. Erw. 10,- DM, Kinder 5,- DM

Das Novamare wurde 1989 fertiggestellt und ist eines der jüngsten Erlebnisbäder in der Region. Unter einer schönen Holzdeckenkonstruktion befinden sich ein Freizeitbecken mit drei 25-m-Bahnen, eine Insel mit diversen Wasserattraktionen, ein Planschbecken und ein Solebecken. Außerdem: 54-m-Rutsche, Wasserfall, Dampfbad und Sauna-Anlage, Außenbecken, Sonnenterrasse. Cafeteria.

STEIN B. NÜRNBERG
Palm Beach

Albertus-Magnus-Str. 29, Tel. 0911/67980
Ab Nbg Hbf U 2 bis Röthenbach, dann weiter mit Bus 64
Fahrzeit: 18 Min.
H: Stein Palm Beach
Ö: tägl. 10-22 Uhr
E: Erw. 18,- DM, Kinder 9,- DM, 10er Karte Erw. 160,- DM, 10er Karte Kinder 80,- DM, Familienkarte (2+2) 40,- DM

Das Palm Beach in Stein ist der Klassiker unter den Spaßbädern in der Region. Es verfügt über ein Wellenbad, ein Hallenbad mit Sprunganlage, ein Lehrschwimmbecken, eine Freischwimmanlage und eine 100-m-Riesenrutsche. Außerdem gibt es eine Saunaanlage mit Dampfbad und eine gepflegte Außenanlage mit Liegestühlen und Sonnenschirmen. Spezialarrangements für Geburtstagskinder. Wassergymnastik, Aerobic.

TREUCHTLINGEN
Altmühltherme

An der Promenade, Badkasse Tel.: 09142/3955
Ab Nbg Hbf R 6
Fahrzeit: 44 Min.
H: Treuchtlingen Bf
Ö: Thermalbad Mo-Do 9-20 Uhr, Fr 9-22 Uhr, Sa und So 9-18 Uhr. Hallenwellenbad Di-Do 14-20 Uhr (ohne Welle), Fr 16-22, Sa 13-18, So 9-18 Uhr (mit Welle)
E: Erw. 4,50 DM (Welle 7,50 DM*), Kinder 3,- DM (Welle 5,- DM*) je 2 1/2 Std.
* Am Wochenende sowie in Oster-, Pfingst- und Weihnachtsferien.

Badezentrum mit Hallenwellenbad, Thermalfreibad und Thermalbewegungsbad. Insgesamt 1.600 qm Wasserfläche. Sprungturm 1,3 u. 5 Meter, Sprudelbecken, Sauna, Solarium, Kinderbecken, Trimm-Räume, Behindertenaufzug, Minigolf. Cafeteria.

WEISSENBURG (i. Bay.)
Limes-Bad

(Freibad), Badstraße, Tel.: 09141/999-55
Ab Nbg Hbf R 6
Fahrzeit: 38 Min.
H: Weißenburg Bf
Ö: Mai-Sept. Mo-Sa 8.30-20 Uhr, So u. Feiertage 8-20 Uhr
E: Tagesk. Erw. 3,- DM, Kinder 2,- DM

Schwimmerbecken mit sechs 50-m-Bahnen und zwei 25-Meter-Bahnen, Sprungbecken, Erlebnisbecken mit zwei Rutschbahnen (75-m-Riesenrutsche, Breitrutsche und Kinderrutsche sowie Strömungskanal). Entspannungsbecken und Kinderplanschbecken. Kinderspielplatz, Abenteuerspielplatz, Minigolf, Großfigurenschach, Cafeteria.

Eines der schönsten Spaßbäder im Raum Nürnberg: Novamare in Neuendettelsau.

HALLENBÄDER IN NÜRNBERG

Von diesen sechs Nürnberger Hallenbädern ist das Volksbad am Plärrer (Foto) besonders sehenswert. Seine Jugendstil-Schwimmhallen erinnern sehr an die berühmten Budapester Nostalgiebäder.

Alle Bäder sind ganzjährig geöffnet. An Feiertagen und bei Veranstaltungen gelten Sonderregelungen. Außerdem macht das Bäderamt der Stadt Nürnberg darauf aufmerksam, daß während der Freibadsaison geringe Abweichungen bei den Öffnungszeiten der Hallenbäder vorkommen. Die Öffnungszeiten sind ständig vom Telefon-Ansagedienst zu erfahren (Tel.: 0911/890700).

Volksbad

Rothenburger Str. 10, Tel.: 0911/262121

Linien: U 1/2/11

H: Plärrer

Ö: Mo-Fr 16-20 Uhr, Sa u. So geschl.

E: Erw. 3,- DM, Kinder 1,50 DM

Hallenbad Süd

Allersberger Str. 120, Tel.: 0911/443884

Linien: Stb 9

H: Wodanstraße

Ö: Di-Fr 9-21 Uhr, Sa 6.30-17 Uhr, So 8-14 Uhr. Frühschw. Di-Fr 6.30-8 Uhr

E: Erw. 3,- DM, Kinder 1,50 DM

Hallenbad Altenfurt

Hermann-Kolb-Str. 55, Tel. 0911/834743

Linie: Bus 57

H: Altenfurt Hallenbad

Ö: Mo-Fr 13-19 Uhr, Sa 9-17 Uhr, So geschl.

E: Erw. 3,- DM, Kinder 1,50 DM

Hallenbad Katzwang

Katzwanger Hauptstr. 21, Tel. 09122/76611

Linie: Bus 62

H: Katzwang Hallenbad

Ö: Di-Fr 13-19.30 Uhr, Mi zusätzl. bis 20 Uhr, Fr zusätzl. bis 21 Uhr, Sa. 8-16 Uhr, So 8-12 Uhr, Mo geschl.

E: Erw. 3,- DM, Kinder 1,50 DM

Nordostbad

Elbinger Str. 85, Tel. 0911/515025

Linie: Stb 3

H: Nordostbahnhof

Ö: Mo-Mi u. Fr-So 8-22 Uhr, Do geschl.

E: Erw. 3,- DM, Kinder 1,50 DM

Hallenbad Langwasser

Breslauer Str. 251, Tel. 0911/803979

Linien: Bus 56/57

H: Langwasser Bad

Ö: Di-Fr 8-21 Uhr, Sa 8-17 Uhr, So 8-14 Uhr, Mo geschl.

E: Erw. 3,- DM, Kinder 1,50 DM

ZU DEN STERNEN

Neues aus dem All erfahren Sie bei einer „Raumfahrt" in der Sternwarte.

Sie kennen den Himmel über Nürnberg nicht? Dann sollten Sie mal in die Röhre schauen und auf Sternenreise gehen. Mit dem VGN fahren Sie zur Sternwarte oder zum Planetarium, und von da aus geht's direkt zur Milchstraße...

Sternwarte

Regiomontanusweg 1, Rechenberg,
Tel.: 0911/265467 oder 593540
Linie: Stb 8
H: Tafelwerk

Jeden Dienstag u. Freitag nach Einbruch der Dunkelheit halbstündliche Führungen. Bei bedecktem Himmel und bei genügender Beteiligung um 20 Uhr Filmvorführungen (nicht bei Vortragsveranstaltungen). Feiertags geschl.
Über das jeweils aktuelle Vortragsprogramm informiert das Monatsmagazin. Zu den beliebtesten Veranstaltungen der Sternwarte zählen die Fernrohr-Vorführungen, die - je nach dem Stand der Planeten - unterschiedliche „Reiseziele" anvisieren.

Nicolaus-Copernicus-Planetarium

Im Vortragssaal der EWAG, Nürnberg, Am Plärrer 41, Tel.: 0911/265467 oder 593540
Linien: U 1/2/11
H: Plärrer

Öffentliche Vorführungen jeden Mi 16 u. 20 Uhr, Do 20 Uhr (Okt. u. Nov. 19.30 Uhr), sowie jeden 1. u. 3. So im Monat um 10 u. 11.15 Uhr, Feiertag geschl. (E: Erw. 5,- DM, Kinder 2,50 DM) Im Planetarium können Sie sich sich auf Raumreisen durch unser Planetensystem begeben. „Unheimliche Welten" - so der vielversprechende Titel eines der spannenden visuellen Programme der Sternwarte.

RADVERLEIH

Radfahren wird jederzeit großgeschrieben im Nürnberger Raum. Sie können sich eines der großen Rennen anschauen (Kap. Sportliche Highlights ab S. 20) oder aber selbst in die Pedale treten. Wenn Sie sich nicht gleich vor der Haustür auf den Sattel setzen wollen, lassen Sie sich und Ihren Drahtesel ein Stück mitnehmen. Vom VGN natürlich: Fahrräder können in S- und R-Bahnen (Einstiegsräume, Gepäckwagen) sowie in U-Bahnen mitgenommen werden. Allerdings: Werktags 6-8 u. 15-18.30 Uhr nur Beförderung im Gepäckwagen.

Sie können sich auch ein Rad gleich vor Ort leihen. Bei Fragen zu den Öffnungszeiten rufen Sie am besten die im Ortsregister aufgeführten Informationsstellen an (ab Seite 136). Und noch ein Hinweis: Schöne Radtouren finden Sie im Kapitel Wandertouren ab Seite 54.

ALLERSBERG

Ab Nbg Langwasser Mitte Bus 601, Ostern-Ende Okt. zusätzl. Bus 609
Fahrzeit: 26 bzw. 33 Min.
H: Allersberg Johannisbrücke

Zweirad-Herzog, Rother Str. 8,
Tel.: 09176/325
Ö: Mo-Fr 8-18 Uhr, Do 8-20 Uhr, Sa 8-14 Uhr, So durchgehend
Verleihgebühr: 7,- DM halbtags, 10,- DM ganztags

BEHRINGERSMÜHLE

Ab Forchheim Bf Mo-Fr R 22 / Sa u. So Bus 221 bis Ebermannstadt Bf, weiter mit Bus 232
Fahrzeit: 49 Min. bzw. 53 Min.
H: Behringsmühle Hotel Stern

Verkehrsamt, Hauptstraße (im Postamt),
Tel.: 09242/840 oder 300
Ö: Wenn Verkehrsamt geschl., bei Familie Wolf nebenan. Verleihgebühr: 12,- DM ganztags (10,- DM mit Kurkarte)

BETZENSTEIN

Ab Nbg Hbf ZOB Bus 311 (nur wenige Fahrmöglichkeiten)
Fahrzeit: 76 Min.
H: Betzenstein Marktplatz

Verkehrsamt, Bayreuther Str. 1,
Tel.: 09244/264
Ö: Mo-Fr 9-12 Uhr
Verleihgebühr: ganztags 7.- DM, Tandem 14,- DM
Radwanderkarte 1,- DM

EBERMANNSTADT

Ab Forchheim Bf R 22 oder Bus 221
Fahrzeit: 24 bzw. 30 Min.
H: Ebermannstadt Bf

Gasthof „Zum Bayerischen", Breitenbacher Str. 12, Tel.: 09194/8148
Ö: jederzeit, 7 Tage die Woche
Verleihgebühr: 10,- DM ganztags, 1 Woche 56,- DM, 2 Wo. 95,- DM, 3 Wo. 110,- DM

ERLANGEN

Linien: Bus 286/287
H: Langemarckplatz

Fahrradkiste, Henkestraße 59,
Tel.: 09131/209940
Ö: Mo-Fr 11-18 Uhr, Sa 10-13 Uhr
Verleihgebühr: 7,- DM ganztags

FORCHHEIM

Ab Nbg Hbf R 2
Fahrzeit: ca. 30 Min.
H: Forchheim Bf

Radhaus, Baumersdorferstr. 8,
Tel.: 09191/64885 (von 15-18 Uhr erreichbar)
Ö: Abholung nach tel. Vereinbarung
Verleihgebühr: 15,- DM ganztgs, Bring- und Holservice nach Absprache

RADVERLEIH

Verkehrsamt, Rathaus, Tel.: 09191/84338
Ö: Mo-Do 10-12 Uhr, 14-17 Uhr, Sa 10-12
Verleihgebühr: 10,- DM ganztags, Familienermäßigung Erw. 10,- DM jede weitere Person 5,- DM

Bahnhof Forchheim, Tel.: 09191/1707
Ö: Mo-Fr 6.45-18 Uhr, Sa 7-12, So 8.10-11.30 Uhr
Verleihgebühr: ganztags 12,- DM, für Bahnfahrer 8,- DM

GÖSSWEINSTEIN

Ab Forchheim Bf R 22 bzw. Bus 221 bis Ebermannstadt Bf, dann Bus 232
Fahrzeit: 49 bzw. 55 Min.
H: Gößweinstein Post

DEA-Tankstelle, Pezoldstr. 41,
Tel.: 09242/208
Ö: tägl. 7.30-18 Uhr
Verleihgebühr: 8.- DM ganztags und 10,- DM für City-Bike

TIP: Erlebnis-Radwandertouren um Forchheim

Tour 1: Familientour zur Sport- und Freizeitinsel, Länge 11,5 Kilometer, Fahrzeit 1-2 Stunden, Höhenunterschied 10 (!) Meter
Tour 2: Brauerei- und Bierkellertour Buttenheim, Länge 31 Kilometer, Fahrzeit 3-4 Stunden, Höhenunterschied 160 Meter
Tour 3: Atzelsbergtour, Länge 28 Kilometer, Fahrzeit 3-4 Stunden, Höhenunterschied 80 Meter

Kostenlose Infos vom Verkehrsamt Forchheim, Tel.: 09191/84338

GUNZENHAUSEN

Ab Nbg Hbf R 6 bis Pleinfeld, weiter mit R 62 oder Bus 621
Fahrzeit: 48 bzw. 63 Min.
H: Gunzenhausen Bf

Damit Sie Ihre Radtour ausgeruht antreten: Fahrradmitnahme beim VGN.

Ein richtiges Radlerparadies ist das Fränkische Seenland (siehe auch Seite 16).

Bahnhof Gunzenhausen, Bahnhofsplatz, Tel.: 09831/3376
Ö: Mo-Fr 7-11.30 Uhr, 12-18.00 Uhr, Sa 7.30-13.15 Uhr, So u. Feiertage 12.15-18.30 Uhr (im Sommer können die Räder auch zu anderen Zeiten beim Fahrdienstleiter abgeholt werden)
Verleihgebühr: 12,- DM ganztags, 8,- DM für Bahnfahrer

Herbert Gruber, Spitalstr. 9, Tel.: 09831/2177
Ö: tägl. 8-18 Uhr
Verleihgebühr: 10,- DM ganztags

HEILIGENSTADT

Ab Forchheim Bf Mo-Fr R 22 bis Ebermannstadt Bf, weiter mit Bus 221, Sa u. So ab Forchheim Bf Bus 221 (Direktverb.)
Fahrzeit: 44 bzw. 50 Min.
H: Heiligenstadt Raiffeisenstraße

Familie Daut, Marktplatz 10, Tel.: 09198/697
Ö: tägl. 8-20 Uhr
Verleihgebühr: 10,- DM ganztags
Tip: Radweg durch das romantische Leinleitertal (kostenlose Infos vom Fremdenverkehrsamt, Tel.: 09198/721)

NEUHAUS A.D. PEGNITZ

Ab Nbg Hbf R 3
Fahrzeit: 29 Min.
H: Neuhaus Bf

Fahrradverleih bei der Bahn, Tel.: 09156/230
Ö: 5-23 Uhr
Verleihgebühr: ganztags 12,- DM, 8,- DM für Bahnfahrer

NEUKIRCHEN (b. Sulzb.-R.)

Ab Nbg Hbf S 1 bis Lauf (li Pegn.), dann weiter mit R 4
Fahrzeit: 53 Min.
H: Neukirchen (b. S-R) Bf

Verkehrsverein Neukirchen, Erkelsdorfer Str. 12, Tel.: 09663/352 (nur 3 Min. vom Bahnhof)
Ö: nach tel. Anmeldung
Verleihgebühr: Erw. 4,- DM, Kinder 3,50 DM ganztags
Im Gemeindebereich gibt es drei markierte Fahrradwege. Prospekt mit Wegbeschreibung ist beim Verkehrsverein im Rathaus erhältlich.

NEUSTADT A.D. AISCH

Ab Nbg Hbf R 1
Fahrzeit: 27 bis 45 Min.
H: Neustadt/Aisch Bf

Fahrradverleih Hofmann-Klör, Nürnberger Str. 5, Tel.: 09161/1276
Ö: Mo-Fr 8-12.30 u. 14-18 Uhr, Do bis 20 Uhr, Sa 8-16 Uhr
Verleihgebühr: 10,- DM ganztags, Woche 45,- DM

PLEINFELD

Ab Nbg Hbf R 6
Fahrzeit: 31 Min.
H: Pleinfeld Bf

Verleih Maier, Nordring 10, Tel.: 09144/8323
Ö: Mo-Fr 7.30-18 Uhr, Sa 8-18 Uhr, So 9-18 Uhr
Verleihgebühr: 10,- DM ganztags (Jugendliche 7,-/Kinder 4,- DM) Kindersitz/Hundekorb gratis

SPALT

Ab Georgensgmünd Bf Bus 606
Fahrzeit: ca. 20 Min.
H: Spalt Bf

Josef Nüßlein, Bahnhofstr. 8, Tel.: 09175/294
Ö: tägl. 7.30-12.30 u. 13.30-18.00 Uhr
Verleihgebühr: 10,- DM ganztags
Weitere Verleihstellen in Spalter Ortsteilen. Auskünfte beim Verkehrsamt. Dort gibt es auch zwei Routenvorschläge: Die 26 Kilometer lange Strecke Spalt - Brombachsee - Gräfensteinberg - Spalt und Spalt - Fränkisches Rezattal - Abenberg - Spalt, Länge 28 Kilometer.

TREUCHTLINGEN

Ab Nbg Hbf R 6
Fahrzeit: 44 Min.
H: Treuchtlingen Bf

Bahnhof, Telefon 09142/1041
Ö: Mo-Fr 6.35-18.20 Uhr, Sa 6.35-15.20 Uhr, So 8-10.35 und 12.50-19.05 Uhr
Verleihgebühren: ganztags 12,- DM, 8,- DM für Bahnfahrer, weitere Verleihstellen sind beim Verkehrsamt zu erfahren.
Die „Eisenbahnerstadt" Treuchtlingen ist gewissermaßen der Ausgangspunkt für das Radlerparadies in Richtung Altmühltal oder in das Fränkische Seenland.

VELDEN

Ab Nbg Hbf R 3
Fahrzeit: 53 Min.
H: Velden Bf

Verkehrsamt, Marktplatz 11, Tel.: 09152/7195
Ö: Mo-Do 10-12 u.14-15 Uhr, Fr 10-12 Uhr
Verleihgebühren: 5,- DM ganztags
Das Verkehrsamt hält ein Info-Blatt mit zehn ausgewählten Radtouren bereit.

VORRA

Ab Nbg Hbf R 3
Fahrzeit: 45 Min.
H: Vorra (Pegn.) Bf

Fremdenverkehrsverein, Rathaus, Stöppacher Str. 1 Tel.: 09152/8124
Ö: 8-12 Uhr
Verleihgebühren: 5,- DM ganztags

WEISSENBURG (i. Bay.)

Ab Nbg Hbf R 6
Fahrzeit: 38 Min.
H: Weißenburg Bf

Bahnhof Weißenburg, Tel.: 09141/4322
Ö: Mo-Fr 6-19, Sa 6-14, So 12-19 Uhr
Verleihgebühr: 12,- DM ganztags, 8,- DM für Bahnfahrer

Adolf Denk, Ellinger Str.8, Tel.: 09141/2166
Ö: Mo-Fr 8.30-12.30 u. 14-18 Uhr, Sa 8.30-13 Uhr
Verleihgebühr: 10,- bis 15,- DM ganztags

„Das Zweirad", Obertorstr. 9,
Tel.: 09141/2052
Ö: Mo-Fr 9-12.30 u. 14-18 Uhr, Sa 9-13 Uhr, während der Saison durchgehend auch Sonntag
Verleihgebühr: ab 8,- DM ganztags
(Fünfsitzer Sondervereinbarung)

TIP: Tour de Baroque

Barocke Radtour an Altmühl und Donau: Neumarkt in der Oberpfalz ist der Ausgangspunkt der beliebten Radler-Route (Ab Nbg Hbf R 5 bis Neumarkt Bf, 36 Min. Fahrzeit), die auf der ersten Etappe bis nach Regensburg bedeutende Bauten des bayerischen Hochbarock ansteuert. Der Weg führt über Freystadt (Wallfahrtskirche von 1700 mit Arbeiten von Francesco Appiani und Hans-Georg Asam und seinen Söhnen), Berching und Plankstetten nach Beilngries. Von dort geht es über Dietfurt, Riedenburg, Schloß Prunn und Weltenburg weiter nach Kelheim und Regensburg.

Länge der Route: insgesamt etwa 107 km

Der Fremdenverkehrsverband Ostbayern, Landshuter Str. 13, 93047 Regensburg, verschickt Streckenpläne, Orts-Infos und Hotelverzeichnisse.

FLUGPLÄTZE

Wenn Sie sich gern ein paar hundert Meter über Normalnull aufhalten, dann machen Sie sonntags doch mal einen richtigen Aus-Flug. Bei den meisten hier aufgeführten Flugplätzen bucht man Rundflüge direkt vor Ort.

EBERMANNSTADT
Fränkische Fliegerschule Feuerstein

Tel.: 09194/334
Ab Forchheim Bf R 22 oder Bus 221
Fahrzeit: 24 bzw. 30 Min.
H: Ebermannstadt Bf
Transfer vom Bahnhof zur Fliegerschule wird auf Wunsch organisiert

In der Fliegerschule ist das Landesleistungszentrum für Segelflug und Motorsegler untergebracht. Jugendlichen unter 18 Jahren wird dort ein Segelflug-Anfängerkurs (Kombination von Motorsegler und Segelflugzeug) geboten, der zwei Wochen dauert und 1000 DM kostet. In der Pauschalsumme sind 40 Starts, das Flugbuch, der Ausbildungsnachweis sowie Grund- und Versicherungsgebühren enthalten. Ein ähnliches Angebot für Erwachsene gibt es zum Pauschalpreis von 1500 DM. Wer einfach nur mal mitfliegen möchte, fährt am besten bei schönem Wetter raus zum Flugplatz und spricht einen Flieger an (in den Sommermonaten ab Ende März). Ein Rundflug kostet (bei mind. 2 Pers.) für 15 Minuten 40,- DM/Pers.

GUNZENHAUSEN
Flugplatz Reutberg

Flugsportvereinigung „Gelbe Bürg", Tel.: 09831/2728
Ab Nbg Hbf R 6 bis Pleinfeld, von dort weiter mit R 62 oder Bus 621
Fahrzeit: 48 bzw. 63 Min.
H: Gunzenhausen Bf
ca. 3 km/30 Minuten Spazierweg (Richtung Krankenhaus)

Motorsegler und Motormaschinen steigen hier in die Lüfte. Ein 15-Minuten-Rundflug kostet 30,- DM pro Person.

NEUKIRCHEN (b. Sulzb.-R.)
Segelflugplatz Fichtelbrunn

Tel.: 09663/1253
Ab Nbg Hbf S 1 bis Lauf (li Pegn), von dort weiter mit R 4
Fahrzeit: 53 Min.
H: Neukirchen (b S-R) Bf, von hier aus ca. 6 km Wanderweg

Zugegeben: Hier müssen Sie schon ein Stückchen laufen, um in die Luft gehen zu können. Aber als Ziel eines Spaziergangs ist der Segelflugplatz Fichtelbrunn mit Sicherheit eine gute Wahl. Hier werden bei schönem Wetter Rundflüge für Gäste veranstaltet. Je Viertelstunde sind 25,- DM/Pers. für hervorragenden Rundblick zu bezahlen.

NÜRNBERG
Flughafen

AERO-Club Nürnberg, Flughafenstr. 100, Tel.: 0911/36860
Ab Nürnberg Hbf Bus 20
Fahrzeit: 19 Min.
H: Flughafen Abflughalle

Der AERO-Club Nürnberg bietet Rundflüge in 4-sitzigen Maschinen der Typen Cessna und Piper. Die luftigen Exkursionen in den Leichtflugzeugen kosten pro Stunde DM 150,- (pro Maschine), darin sind allerdings sämtliche Gebühren enthalten.

Keine Erfahrung mit Bus und Bahn?

Macht nichts: Ab S. 147 wird das VGN-System genau erklärt.

Ob Sie nur zuschauen oder selbst abheben: Spannend ist die Fliegerei immer.

HITS FÜR KIDS

Natürlich sind in diesem Freizeitführer viele Vorschläge, die Kinder interessieren. Die Kap. Höhlen (ab. S. 40) oder „Nostalgie auf Schienen" (S. 10/11) halten für Kids so manches Abenteuer bereit, und Sie werden Ihr Kind sicher auch ohne elterliche Strenge in die meisten Museen bewegen. Ob es allerdings bei der Besichtigung eines gotischen Kirchturms so etwas wie Begeisterung verspürt? Hier ein paar Ausflugstips, die für Kinder wie geschaffen sind.

Seit 16 Jahren fährt Otto Uhlmann mit seinen Freunden pro Saison rund 4000 Kinder auf der 400 Meter langen Strecke der Lehentalbahn quer durch den Biergarten des Forellenhofes Volkert. Die drei kohlegefeuerten Dampfloks und die beiden Elektrozüge im Maßstab 1:10 überqueren bei ihrer zweimaligen Gartenrundfahrt sogar einen Bach. Bis zu 50.000 Mark kosten die teilweise in Eigenbau gefertigten Fahrzeuge, die von den Hobbylokführern mit Hingabe gewartet werden. Ein toller Spaß für Kinder!

EGLOFFSTEIN
Wildgehege Hundshaupten

Freifrau v. Pölnitzsche Verwaltung, Tel.: 09197/241
Ab Forchheim Bf R 22 oder Bus 221 bis Ebermannstadt Bf, von dort weiter mit Bus 235
Fahrzeit: 44 bzw. 50 Min.
H: Hundshaupten
Ö: April-Okt. tägl. 9-17 Uhr, Nov.-März Sa, So und Feiertage 10-15 Uhr
E: Erw. 4,- DM, Kinder 2,- DM

In dem 45 Hektar großen Wildgehege findet das zahlreiche Rot-, Dam-, Muffel-, Stein-, Schwarz- und Niederwild seine natürlichen Lebensräume. Prächtige Wisente - die Urrinder dieses Gebietes - werden in einem gesonderten Gatter gehalten.

ETZELWANG
Lehentalbahn

Im Garten der Pension Volkert, Lehenhammer, Tel.: 09154/4854
Ab Nbg Hbf S 1 bis Lauf (li Pegn), dann weiter mit R 4
Fahrzeit: 50 Min.
H: Etzelwang Bf, dann ca. 40 Min. Spazierweg
Ö: März-Okt. jeden So
Fahrpreis Lehentalbahn: Erw. u. Kinder 1,50 DM

HEILIGENSTADT
Abenteuerspielplatz

Beim Familienzentrum
Ab Forchheim Bf Mo-Fr R 22 bis Ebermannstadt Bf, weiter mit Bus 221. Sa u. So ab Forchheim Bf (Direktverbindung) Bus 221
Fahrzeit: 44 bzw. 50 Min.
H: Heiligenstadt Raiffeisenstraße
Jederzeit zugänglich
Eintritt frei

Oberhalb des Familienzentrums liegt der Heiligenstädter Abenteuerspielplatz, der Kindern eine Menge Platz zum Austoben bietet. Das Familienzentrum der Evang.-Freikirchlichen Gemeinden in Nordbayern dient der Familienerholung und bietet im Gästehaus 50 Betten und 10 Ferienbungalows. Zu den Einrichtungen zählen außerdem ein Hallenbad mit Sauna und Solarium, eine Kegelbahn, ein Grillplatz und Tagungsräume.

HEROLDSBACH
Erlebnispark Schloß Thurn

Tel.: 09199/56657-0 (Gemeindeverw.)
Ab Forchheim Bf Bus 206
Fahrzeit: 17 Min.
H: Heroldsbach
Ö: Ostern-Okt. tägl. 9-17 Uhr
E: Erw 15,- DM, Kinder 11,50 DM, Gruppen- und Familienermäßigung

HITS FÜR KIDS

Schloßpark mit Tiergehegen, Shows und Fahrgeschäften rund um ein barockes Wasserschloß. Die Hauptattraktionen sind Ritterturniere, Westernshows, eine Westernstadt, ein Westernkino, Ponyreiten, eine Dampfeisenbahn, Oldtimerautos, Tretboote, eine Riesenrutsche und ein Wildpark. Der Eintritt ist nicht ganz billig, aber hier kann man sich spielend einen ganzen Tag aufhalten.

NEUMARKT
Modelleisenbahn-Museum

Weiherstraße 7, Tel.: 09179/1550	
Ab Nbg Hbf R 5	
Fahrzeit: 36 Min.	
H: Neumarkt Bf	
Ö: Jeden 1. u. 3. So im Monat 14-17 Uhr (Gruppen jederzeit bei Voranmeldung)	
E: 1,- DM/Pers.	

Das Museum mit vier vollautomatischen Anlagen der Spurgrößen N, H0 und LGB wird vom Modellbauclub Neumarkt betrieben. Auf 300 qm Fläche werden die Modelle auf die Reise geschickt. Schmuckstück der Sammlung ist eine 40 Jahre alte Anlage, die auf Wunsch in Betrieb genommen wird. Zum Teil wurden Gebäude aus Blech dazu gebaut, und auch die Motoren der Fahrzeuge sind selbst gewickelt.

NÜRNBERG
Tiergarten/Delphinarium

Am Schmaußenbuck, Tel.: 0911/5430348
Ab Nbg Hbf Stb 3
Fahrzeit: 16 Min.
H: Tiergarten
Ö: Nov.-Feb. tägl. 9-17 Uhr, März u. Okt. tägl. 8-17.30, April-Sept. tägl. 8-19.30 Uhr
E: Erw. 8,- DM, Kinder 4,- DM

Fachleute bezeichnen den Nürnberger Tiergarten als den schönsten in Europa. Dieses Lob ist vor allem auf die herrliche Landschaftsgestaltung mit weitläufigen Freigehegen in alten Steinbrüchen und an idyllischen Weihern zurückzuführen. Zu den Attraktionen für Kinder gehören der Streichelzoo und die „Adler"-Kleinbahn. >

Wilde Wölfe und drollige Delphine: Kinder-Attraktionen im Nürnberger Tiergarten.

HITS FÜR KIDS

Ebenfalls ein absoluter Renner sind die Vorführungen im Delphinarium: 11, 14 und 16 Uhr (So und Feiertage Extravorführungen). Eintritt: Erw. 6,- DM, Kinder 3,- DM.

NÜRNBERG
Lochgefängnisse

Im Rathaus Wolff'scher Bau, Rathausplatz 2, Tel.: 0911/2312690
Linie: Bus 36
H: Hauptmarkt
Ö: April-Sept. Mo-Fr 10-16 Uhr, Sa/So u. Feiertage 10-13 Uhr
E: Erw. 3,- DM, Kinder 1,50 DM

Die Nürnberger Lochgefängnisse (die Bezeichnung ist von dem Ausdruck „jemanden ins Loch werfen" abgeleitet) sind rund 650 Jahre alt: Schon im Rathaus von 1332/40 gab es zahlreiche Gefangenenzellen, eine Folterkammer, eine Schmiede und sogar eine Wohnung für den „Lochwirt".

Noch heute vermittelt die Anlage den Eindruck eines nahezu unverändert gebliebenen mittelalterlichen Gefängnisses. Kein Wunder, daß vor allem Schulklassen zu den zahlreichen Besuchergruppen zählen. Holzverkleidete Zellen und eisenbeschlagene Türen, vor allem aber die Reste des Instrumentariums in der gewölbten Folterkammer sorgen für ein gruseliges Gefühl.

NÜRNBERG
Marionetten-Theater

Im Apollo-Tempel, Cramer Klett-Park
Karten unter Tel.: 0911/890583
Linien: U 2, Stb 3/8/9, Bus 36
H: Rathenauplatz
E: Erw. 7,- DM, Kinder 5,- DM

Während der Spielzeit von April bis Oktober kommt jeden Sonntag um 15 Uhr Bewegung in die Puppenkisten des Ehepaares Tomaschek. 200 Holzfiguren warten darauf, in einem der 22 Stücke spielen zu dürfen.

Alternative zu Bussen und Bahnen: die Postkutsche im Fränkischen Wunderland.

HITS FÜR KIDS

PLECH
Fränkisches Wunderland

An der Autobahn A 9 (Richtung Bayreuth), Tel.: 09244/451
Ab Nbg Hbf ZOB Bus 311 (nur wenige Fahrmöglichkeiten)
Fahrzeit: ca. 70 Min.
H: Plech Autobahneinfahrt
Ö: Ostern-Mitte Okt. tägl. 9-18 Uhr
E: Erw. 11,50 DM, Kinder 8,- DM

Ein Freizeit-Erlebnispark mit Süddeutschlands größter Westernstadt. Tägliche Indianer-Show, 20-Minuten-Vorstellung in der Geisterstadt Tombstone, Eisenbahnen, Sommerrodelbahn, Nostalgiefotos in Westernkleidung, Grillplatz mit Indianerzelten, Whisky-Karussell, Babyland, Rodeo-Simulator, Westernbahn, Postkutschen-Rundfahrt und gastronomische Betriebe.

PLEINFELD
Sommerrodelbahn Pleinfeld

Schloßstraße 7, Tel.: 09144/6300
Ab Nbg Hbf R 6
Fahrzeit: 31 Min.
H: Pleinfeld Bf, dann Fußweg von ca. 30 Min.
Ö: April-Okt. Mo-Fr ab 13 Uhr, an Wochenenden und während der Ferienzeit ab 10 Uhr
Gebühr: je eine Fahrt Erw. 3,- DM, Kinder 2,50 DM (Blockkarten möglich)

Das ganze Jahr über Rodeln - kein Kindertraum: An der B 2 zwischen Ellingen und Pleinfeld liegen zwei Sommerrodelbahnen mit elf Steilkurven. Die Bahnlänge beträgt jeweils 550 Meter, der Höhenunterschied 65 Meter. Schlepplift steht zur Verfügung.

SCHWABACH
Marionettenbühne

Wittelsbacher Str. 1, Tel.: 09122/16551
Linien: Bus 60/61
H: Nördlinger Straße

Der Vorhang zur ersten Vorstellung des Schwabacher Puppentheaters ging bereits am 26. Dezember 1945 im Schwabacher Bärensaal hoch. An der kindlichen Begeisterung am Spiel der Holzpuppen hat sich bis heute nichts geändert. Leiterin des Theaters ist Ruth Bloß, die als „Pionierin des mittelfränkischen Puppentheaters" zusammen mit ihren vier Mitarbeitern jedes Jahr 300 Vorstellungen absolviert.

Bereits seit März 1946 sind die Puppenspieler mobil - damals war ein BMW-Dreirad das Transportmittel der ersten motorisierten Bühne des Landes nach dem Krieg - und besuchen bevorzugt Schulen in der gesamten Bundesrepublik. Das Schwabacher Puppentheater wurde 1989 mit dem Kulturförderpreis des Bezirks Mittelfranken ausgezeichnet. Veranstaltungshinweise stehen im Monatsmagazin der Städte Nürnberg, Fürth, Erlangen und Schwabach.

WINDSBACH
Puppentheater Kaspari

Heinrich-Brandt-Str. 25, Tel.: 09871/9559 oder 9344
Ab Ansbach Bf R 7 bis Wicklesgreuth, von dort weiter mit R 71 bzw. Bus 711
Fahrzeit: 27 bzw. 32 Min.
H: Windsbach

Kaspari läßt die Puppen tanzen: Das „Ensemble" besteht aus 80 Handpuppen und 50 Marionetten, die von ehemaligen Mitgliedern des Windsbacher Knabenchores bewegt werden. In 15 Jahren hat sich Kaspari zum Zentrum des Puppenspiels in Mittelfranken gemausert und ist neben dem berühmten Knabenchor zu einer zweiten Attraktion der 5000-Einwohner-Gemeinde geworden. Von Juni bis September gibt es für Kinder und Erwachsene die Reihe „Windsbacher Sommerspiele", im Dezember sind im Alten Gymnasium „Winterspiele" angesetzt.

Seit 1986 unterstützt der Windsbacher Puppenspielverein e.V. mit etwa 60 Mitgliedern die Arbeit der Puppenspieler, die 1988 mit dem Kulturförderpreis ausgezeichnet wurden. Das Paradestück der Weltreisenden in Sachen fränkischer Kultur ist übrigens Mozarts „Zauberflöte", bei der die Puppenspieler sogar mit Live-Gesang agieren.

HÖHLEN

Kennen Sie den Unterschied zwischen Stalagmiten und Stalaktiten, jenen bizarren Boden- oder Deckenzapfen in den Tropfsteinhöhlen? Wissen Sie, wie die faszinierenden unterirdischen Riesensäle, Grotten und Dome entstanden sind? In der Fränkischen Schweiz und der Frankenalb lassen sich jede Menge Antworten finden. Übrigens sind zwischen Lichtenfels im Norden und Kelheim im Süden rund 1.300 Höhlen registriert.

ALTDORF
Löwengrube

bei Prackenfels/Altdorf (südlich von Altdorf, östlich von Grünsberg im Schwarzachtal)
Ab Nbg Hbf S 2
Fahrzeit: 33 Min.
H: Altdorf Bf, dann ca. 50 Min. Fußweg

Von Prackenfels kommt man über den Auerskeller zur Löwengrube, einem Felslabyrinth in einer tief eingeschnittenen Waldbucht. Die Löwengrube war ein Treffpunkt der Altdorfer Studenten (siehe auch Altdorf Uni), der aus einem Steinbruch entstand. Hier wurde im 16. Jahrhundert Material für die Universitätsbauten im nahen Altdorf gebrochen. Ein Ausflug zur Löwengrube ist durchaus lohnenswert - für Geschichtsinteressierte ebenso wie für kleine (und große) Klettermaxe. Bei schönem Wetter verbindet man damit eine reizvolle Wanderung.

HARTENSTEIN
Petershöhle

Infos beim Verkehrsamt Velden, Tel.: 09152/7195
Ab Nbg Hbf R 3
Fahrzeit: 53 Min.
H: Velden Bf, von dort ca. 50 Min. Wanderweg
Beschilderung ab Velden: Ab Bahnhofstraße zum Ortsende, durch das Eisenbahnviadukt, auf dem Holzsteg über die Pegnitz, durch den Wald zum Roßtritt, dann ins Weidental

Faszinierende unterirdische Welten: Über 800 Höhlen gibt es in der Fränkischen und

HÖHLEN

Die Petershöhle ist ein großes, verzweigtes Höhlensystem und vor allem für die naturwissenschaftliche Forschung von herausragender Bedeutung.

Von 1914 bis 1928 wurde die Höhle von der Naturhistorischen Gesellschaft Nürnberg ausgegraben und erforscht. Dabei fand man heraus, daß hier schon vor 90.000 Jahren Menschen gelebt haben. Auch zahlreiche Knochen von Tieren und primitive Steinwerkzeuge wurden hier gefunden. Höhlenführungen sind nicht möglich, das Verkehrsamt Velden empfiehlt die Mitnahme einer Taschenlampe.

HIRSCHBACH
Höhlenrundweg

Infos beim Fremdenverkehrsverein Hirschbach, unter Tel.: 09152/8079 u. 8092
Ab Hersbruck Bf (re Pegn) Bus 318 Fahrzeit: 25 Min.
H: Hirschbach Mitte

Wo es viele Felsen gibt, sind auch viele Höhlen zu finden. Der Verkehrsverein Hirschbach informiert mit einem kostenlosen Faltblatt über den

Wie entstehen Stalaktiten und Stalagmiten?

Pflanzen über dem Höhlenbereich, Wasser und besondere klimatische Verhältnisse sind die Komponenten, aus denen die bis zu 100.000 Jahre alten Tropfsteine entstanden sind. Herabfallendes Regenwasser nimmt beim Durchlauf der Pflanzen- und Humusdecke Kohlensäure auf, die beim Durchsickern Kalk auflöst und mit sich führt. Wenn das Wasser an der Decke einer Höhle austritt und abtropft, wird der gelöste Kalk wieder ausgeschieden und bleibt als sog. Kalzit an der Decke hängen (Stalaktiten) - oder am Boden liegen (Stalagmiten). Die Farben des Tropfsteins entstehen durch mineralische Bestandteile.

20 Kilometer langen Hirschbacher Höhlenrundweg, der an 30 (!) Höhlen vorbeiführt. Es handelt sich um einen regelmäßig überprüften und markierten Weg (Ziffer 3 auf grünem Grund). Die meisten Höhlen sind nur kriechend und mit der Lampe zu erreichen. Dazu gehören die Cäciliengrotte mit einer Gesamtlänge von 40 Metern und die Dürrnberghöhle, in der Skelette und Scherben aus der Hallsteinzeit gefunden wurden. Auch die Starenfelshöhle diente früher als menschliche Behausung.

NEUHAUS A.D. PEGNITZ
Maximiliansgrotte

Tel.: 09156/627
Ab Nbg Hbf R 3
Fahrzeit: 29 Min.
H: Neuhaus Bf, dann 50 Min. Wanderweg
Vom Bahnhof aus über die Grünpunkt-Markierung. Möglich ist auch die Benutzung des „karstkundlichen Wanderpfades", eine Art Naturkundliches Freilandmuseum
Ö: Karfreitag-Anf. Okt. tägl. 9-12 u. 13.30-17 Uhr
E: Erw. 3,50 DM, Kinder 2,50 DM

der Hersbrucker Schweiz.

HÖHLEN

Die Maximiliansgrotte - benannt nach dem Bayerischen König Maximilian II. - ist bis zu 60 Meter tief und zählt zu den größten und schönsten Höhlen dieser Art in Deutschland. Zum Teil liegen die Höhlenräume mit ihren Tropfsteingebilden in sechs Etagen übereinander. Bei der Begehung kommt man auch zu einem kleinen unterirdischen See.

Die Grotte war schon Ende des 16. Jahrhunderts bekannt, aber erst 1833 wurde die eigentliche Tropfsteinhöhle durch einen Zufall entdeckt: Die Mutter des Krottenseer Gastwirts Friedel wurde vermißt. Man fand sie erst nach fünf Tagen im Höhlenschlund, in den sie versehentlich geraten war. Im Dezember 1852 erkundete eine kleine Expedition das Höhlensystem, 1901 begann dann die wissenschaftliche Erforschung.

NEUKIRCHEN (b. Sulzb-R.)
Osterhöhle

Tel.: 09663/1010
Ab Nbg Hbf S 1 bis Lauf (li Pegn), dann weiter mit R 4
Fahrzeit: 53 Min.
H: Neukirchen (b S-R) Bf, von dort markierter Rundwanderweg Nr. 3
Ö: Ostern-Okt. Sa, So u. Feiertag 15-18 Uhr, u. nach Vereinbarung
Eintritt: Erw. 3,- DM, Kinder 2,- DM

Die seit 1905 erschlossene Osterhöhle zählt zu den größten Tropfsteinhöhlen in der Oberpfalz und ist über einen Felsen- und Höhlensteig vom Bahnhof aus in rund 90 Minuten zu erreichen. Zur Tropfsteinhöhle gehört eine urige Waldschänke.

SCHWARZENBRUCK
Gustav-Adolf-Höhle/
Karlshöhle

Ab Nbg Hbf R 5
Fahrzeit: 14 Min.
H: Ochenbruck, dann Fußweg bis Gsteinach (ca. 20 Min.)
Ab Schwarzenbruck Blaukreuz-Markierung bis Brückkanal

Die Schlucht zwischen Gsteinach und Brückkanal gehörte schon immer zu den beliebtesten Ausflugszielen der Nürnberger. Das Naturschutzgebiet ist ideal für Wanderer und Radfahrer - und außerdem mit öffentlichen Verkehrsmitteln recht gut zu erreichen.

Wo das Schwarzachtal immer enger wird, kommt man über Steige zu einer offenen Höhle, der Karlshöhle. Nach einem Durchschlupf ragen die Felsen bis zu 20 Meter hoch, und es folgt eine weitere Halbhöhle, die Gustav-Adolf-Höhle, entstanden aus der Auswaschung tosender Wasser. Hier hat der Schwedenkönig 1632 einen Feldgottesdienst abgehalten.

STREITBERG
Binghöhle

Infos: Verkehrsamt Streitberg, Tel.: 09196/224
Ab Forchheim Bf Mo-Fr R 22, Sa u. So Bus 221 bis Ebermannstadt, von dort weiter mit Bus 232 (nur wenige Fahrmöglichkeiten)
Fahrzeit: ca. 40 Min.
H: Streitberg, von hier aus kurzer Fußweg (folgen Sie dem Hinweisschild Ortsmitte)
Ö: März-Okt. tägl. 8-17.30 Uhr (Führungsdauer ca. eine Stunde)
E: Erw. 2,- DM, Kinder 1,- DM

Die Streitberger Binghöhle gilt als eine der schönsten Tropfsteinhöhlen Deutschlands, sie ist 400 Meter lang und nach dem Kommerzienrat Ignaz Bing aus Nürnberg benannt, der sie 1905 während archäologischer Untersuchungen entdeckte. Die ehemalige Funktion dieser Höhle als unterirdischer Wasserlauf wird bei der etwa einstündigen Führung deutlich. Unterwegs durchquert man den Kerzensaal, die Venusgrotte, die Nixengrotte und die Kristallgrotte. Die Temperatur in der Höhle beträgt im Sommer wie im Winter gleichbleibend plus 12 Grad Celsius.

Wem das zu kalt ist, der kann sich nach dem Höhlenbesuch in der Historischen Pilgerstube aufwärmen, die mit Edelbrandtweinen und köstlichen Likören - und natürlich Limonade und Kaffee - lockt.

ZUR SCHÖNEN AUSSICHT

Auch wer mit der Bahn oder dem Bus unterwegs ist, möchte sicherlich mal einen Blick von oben riskieren. Von den hier vorgeschlagenen Aussichtspunkten ist das gefahrlos und zumeist kostenlos möglich. Verschaffen Sie sich einen Überblick!

BETZENSTEIN
Schmidberg

Ab Nbg Hbf ZOB Bus 311 (Nur wenige Fahrmöglichkeiten)
Fahrzeit: 76 Min.
H: Betzenstein Marktplatz

Von der Ortsmitte aus geht es Richtung Leupoldstein, und bei der Linde dann links zum Schmidberg. Von dem hölzernen Aussichtsturm am Schmidberg genießt man eine herrliche Aussicht auf Betzenstein und die gesamte Umgebung. Die dortige Freizeitanlage bietet außerdem Kneippbecken, Kinderspielplatz und Ruhebänke.

CADOLZBURG
Aussichtsturm in der Hohenzollernburg

Ab Fürth Hbf R 11 oder Bus 111
Fahrzeit: 24 bzw. 30 Min.
H: Cadolzburg Bf bzw. Cadolzburg Aussichtsturm

Die Hohenzollernburg in Cadolzburg wird zur Zeit saniert. Eine Besteigung des Turmes ist jedoch möglich - und lohnenswert. Den Schlüssel erhalten Sie werktags (Mo-Fr 8-12, Do 14-18 Uhr) im Rathaus.

Betrachten Sie die Welt doch mal von oben herab (hier: Hartenstein i.d. Frankenalb).

FÜRTH
Alte Veste

Zwischen Fürth-Dambach und Zirndorf
Ab Fürth Hbf R 11 oder Bus 111
Fahrzeit: 6 bzw. 10 Min.
H: Dambach Alte Veste

Das beliebteste Ausflugsziel im Nahbereich ist für die Fürther die Alte Veste. Noch heute sind auf dem Aussichtspunkt die Grundfesten einer Burg auszumachen, die im Städtekrieg 1388 von den Nürnbergern zerstört wurde. Bedeutung erlangte die Alte Veste noch einmal im Jahre 1632, als sich Wallenstein und der Schwedenkönig Gustav Adolf wochenlang an dieser Stelle belauerten. Der Versuch der Schweden, am 22. August 1632 die Waldanhöhe zu erstürmen, mißlang ebenso, wie der Hauptansturm der 40.000 Soldaten, die den 22.000 Wallensteinern in ihren Stellungen nichts anhaben konnten. Der Abzug der Schweden war die Folge. Von dem hölzernen Aussichtsturm aus genießt man einen weiten Blick in den Rangau hinein.

GUNZENHAUSEN
Blasturm/Färberturm

Rathausstraße/Am Unteren Marktplatz
Ab Nbf Hbf R 6 bis Pleinfeld, weiter mit R 62 oder Bus 621
Fahrzeit: 48 bzw. 63 Min.
H: Gunzenhausen Bf
Ö: Blasturm und Färberturm 1. Mai-15. Okt. Di-So 10-12 u. 13-17 Uhr. 16. Okt.-30. April Di-Fr 13-17 Uhr
Eintritt frei

Der 33 Meter hohe Blasturm birgt ein Museum mit Handwerksgegenständen und eine alte, volleingerichtete Türmerwohnung. Von hier aus hat man einen schönen Ausblick über die Stadt zum Altmühlsee. An hohen Festtagen Turmblasen. Der Färberturm ist ein stattlicher Rundturm (30 m hoch) aus dem 14. Jahrhundert, der als Pulvermagazin und Gefängnis diente. Seinen Namen erhielt er, weil an seinem Fuße eine Färberei betrieben wurde.

HAPPURG/ELLENBACH
Arzbergturm

Von Ellenbach zur „Edelweißhütte" (Wanderheim)
Ab Nbg Hbf R 3 bis Hersbruck (re Pegn.) Bf, von dort weiter mit Bus 453
Fahrzeit: 30 Min.
H: Ellenbach Mitte, dann Spaziergang (ca. 30 Min.)

Vor über 100 Jahren wurde auf dem 612 Meter hohen Arzberg ein Aussichtsturm errichtet, den man 1974 renovierte. Der Schlüssel zu dem 25 Meter hohen Bauwerk ist in der „Edelweißhütte" am Deckersberg hinterlegt.

NÜRNBERG
Fernmeldeturm

An der Hansastraße, Tel.: 0911/66411
Ab Nürnberg Hbf U 2
Fahrzeit: 9 Min.
H: Hohe Marter
Man kommt per Schnellaufzug hoch - z.Z. aber leider nicht möglich

Das „Nürnberger Ei", wie der 284 Meter hohe Fernmeldeturm an der Hansastraße genannt wird, dient mittlerweile ausschließlich postalischen Zwecken. Hier sind Antennen für den Funkfernsprechdienst, den europäischen Funkrufdienst und für einige TV-Programme installiert. Das 1980 eröffnete Drehrestaurant und die Aussichtsplattform waren nur ein Jahr in Betrieb, dann mußte die Stadt Nürnberg wegen einer Bankbürgschaft für fast sechs Jahre einen Notbetrieb aufziehen, um die Publikumseinrichtungen in Schwung zu halten. In dieser Zeit konnte der Turm als Veranstaltungsort (Theater, Tanzveranstaltungen, Bockbierfeste, Spargelschlemmen, interne Firmenpräsentationen) genutzt werden. Wegen der enormen technischen Kosten mußte auch ein Nürnberger Gastronom, der von der Stadt als Pächter gewonnen werden konnte, nach kurzer Zeit das Handtuch werfen. Im Moment bemüht sich die Postreklame in Frankfurt um die Vermietung des Objektes.

THALMÄSSING
Göllersreuther Platte
(531 Meter)

Göllersreuth, Richtung Greding
Ab Roth Bf Mo-Fr R 61 bis Hilpoltstein, von dort weiter mit Bus 611, Sa u. So ab Roth Bus 611
Fahrzeit: 51 bzw. 60 Min.
H: Thalmässing Marktplatz

Ein Besuch der Göllersreuther Platte ist in zweierlei Hinsicht interessant: Zum einen befindet sich hier ein markanter Siedlungsplatz der späten Hallsteinzeit und frühen Latenezeit (siehe auch Vor- und frühgeschichtliches Museum in Thalmässing, Kap. Museen ab S. 116), und außerdem genießt man von hier aus einen wirklich herrlichen Ausblick auf die Stadt und ihre Umgebung.

THALMÄSSING
Burgstall Landeck
(505 Meter)

Vom Marktplatz in die Stettner Straße, an der Apotheke vorbei in die Landeckstraße
Ab Roth Bf Mo-Fr R 61 bis Hilpoltstein, von dort weiter mit Bus 611, Sa u. So ab Roth Bus 611
Fahrzeit: 51 bzw. 60 Min.
H: Thalmässing Marktplatz

Vom Landeck hat man einen schönen Ausblick auf Thalmässing. Während der Sommermonate läßt es sich auf der kleinen Berghütte wunderbar herumtrödeln - oder Geschichten über das Reichslehen der Herren von Thalmässing erzählen. Karl IV. verpfändete Landeck nämlich 1372 an den Nürnberger Burggrafen Friedrich IV. Der legte es mit dem Amt Stauf zusammen.

Stauf und Landeck wurden dann 1460 von Ludwig dem Reichen von Landshut wegen verschiedener Auseinandersetzungen mit dem Markgrafen Albrecht Achilles zerstört, so daß heute nur noch ein Graben an die Befestigung erinnert.

Der Fernmeldeturm ist das höchste Nürnberger Bauwerk.

RUNDFAHRTEN

Linie 5, Oldtimer unter den Nürnberger Straßenbahnen, lädt zu einer Tour ein.

Mit Straßenbahn, Kutsche, Bus oder Schiff durch einen Teil Frankens oder der Oberpfalz - da soll noch einmal jemand behaupten, zur Freizeit-Mobilität gehöre vor allem das Auto! Beachten Sie auch unser Kap. über Radwandern (ab S. 54).

GUNZENHAUSEN Busfahrten

Städt. Verkehrsamt, Haus des Gastes, Tel.: 09831/9795.
Ab Nbg Hbf R 6 bis Pleinfeld, weiter mit R 62 oder Bus 621
Fahrzeit: 48 bzw. 63 Min.
H: Gunzenhausen Bf

Ab Bahnhof Gunzenhausen werden während der Sommermonate geführte Busfahrten ins Fränkische Seenland angeboten, und zwar alle 14 Tage mittwochs. Treffpunkt ist Haus des Gastes, jeweils 9.15 Uhr, Rückkehr 12 Uhr, Fahrpreis 10,- DM/Person, 20,- DM/Familie (Mindestteilnehmerzahl 10 Personen).

GUNZENHAUSEN Kutschfahrt

Ab Nbg Hbf R 6 bis Pleinfeld, weiter mit R 62 oder Bus 621
Fahrzeit: 48 bzw. 63 Min.
H: Gunzenhausen Bf
Nach Vereinb. Abholung am Bahnhof

In Gunzenhausen-Wald bietet der Reiterhof Horst Schwarz, Mooskorb 16, Tel.: 09831/4061, Fahrten in die Umgebung an. Termine nach Vereinb. Gebühr: je Stunde 100,- DM. In Oberwurmbach kutschiert Sie Rudolf Meindl, Tel.: 09831/2220, in die Umgebung. Für Gruppen bis zu 18 Personen. Die Gebühren: Kleiner Planwagen (8 Pers.) 230,- DM halbtags, 300,- DM ganztags, Großer Wagen (14 Pers.) 275,- DM halbtags, 350,- DM ganztags.

Stadtrundfahrten (Nürnberg)
Ab Mauthalle (Hallplatz) Mai-Okt. und während des Christkindlesmarktes tägl. 9.30 Uhr. Dauer: 2,5 Std., Erklärungen deutsch/englisch. Fahrtverlauf: Altstadt mit Burg, Johannisfriedhof, Reichsparteitagsgelände, Justizgebäude, Ende am Hauptmarkt (Route kann geändert werden). Preis: Erw. 20,- DM, Kinder (bis 12 J.) 10,- DM. Voranmeldung nicht erforderlich. Fahrkarten bei Reba-Eno (Hallplatz 2, Tel.: 0911/204033) u. vor Abf. im Bus.

Stadtführungen
Ab Hauptmarkt/Tourist Information tägl. (außer: 1. Jan., Faschingssonntag, Faschingsdienstag, Karfreitag, Ostersonntag, Pfingstsonntag sowie 24., 25. und 26. Dez.) 14.30 Uhr. Dauer: maximal 2 Std., Preis: Erw. 6,- DM, Kinder bis 14 J. in Begleitung der Eltern frei, nicht jedoch als Gruppe (Schulklasse). Keine Mindestteilnehmerzahl, keine Voranmeldung.

Gruppenstadtführungen
Informationen unter Tel.: 0911/233623 und beim Verein „Geschichte für alle" (Themenführungen), Tel.: 0911/332735.

NÜRNBERG Straßenbahnlinie 5

Fahrt mit der historischen Burgringlinie Nr. 5 ab Hauptbahnhof (Straßenbahndepot St. Peter - Plärrer - Burg - Rathenauplatz - Hauptbahnhof). Von Februar bis November an jedem 1. Wochenende und an den vier Adventswochenenden, Sa u. So um 10,11,12,14,15 und 16 Uhr
Fahrpreise: Erw. 2,50 DM, Kinder 1,30 DM, Familienkarte 8,- DM
Informationen zur Anmietung der historischen Fahrzeuge: Tel. 0911/499833

TREUCHTLINGEN Busfahrt

Durch den Naturpark Altmühltal und Schiffahrt auf der Donau
Verkehrsamt, Haus des Gastes, Tel.: 09142/3121
Ab Nbg Hbf R 6
Fahrzeit: ca. 44 Min.
H: Treuchtlingen Bf

Während der Sommermonate, jeweils 14tägig dienstags. Treffpunkt Haus des Gastes 8.15 Uhr, Rückkehr ca. 18 Uhr, Fahrpreis 24,- DM/Person. Fahrtroute Treuchtlingen - Eichstätt - Kipfenberg - Beilngries - Kelheim (Besichtigung der Befreiungshalle, Schiffahrt zum Donaudurchbruch und Besichtigung Kloster Weltenburg).

Mit dem Schiff über Brücken fahren - der Main-Donau-Kanal.

Schiffahrten auf dem Main-Donau-Kanal

Wenn Sie die Umgebung mal zu Wasser erkunden möchten: Im Gebiet des VGN gibt es zahlreiche Zusteigemöglichkeiten zu den Rundfahrten der Fränkischen Personenschiffahrt (FPS) auf dem Main-Donau-Kanal. Informationen über die von Ostern bis Ende September stattfindenden Rundfahrten: FPS, Tel.: 0911/521188 und Neptun, Tel.: 0911/674775

FORCHHEIM

Ab Forchheim Bf Bus 206
Fahrzeit: 7 Min.
H: Forchheim West Tannenweg

ERLANGEN (gegenüber Hafen)

Ab Erlangen Bf Bus 287/288
Fahrzeit: ca. 18 Min.
H: Neumühle

FÜRTH Hafenstraße

Ab Fürth Hbf Bus 172
Fahrzeit: 16 Min.
H: Hafenstr.

FÜRTH Alte Veste

Ab Fürth Hbf R 11 oder Bus 111
Fahrzeit: 6 bzw. 10 Min.
H: Dambach Alte Veste

NÜRNBERG Gebersdorf

Ab Nbg Hbf U 2 bis Rothenburger Straße, von dort weiter mit Bus 69
Fahrzeit: 15 Min.
H: Rezatweg

Nürnberg ist außerdem Ausgangspunkt für 7-tägige Schiffsreisen nach Wien. Auskünfte gibt es im Reisebüro.

AN FRÄNKISCHEN GEWÄSSERN

Exakt 1200 Jahre liegen zwischen dem Versuch Karls des Großen, im Fränkischen bei Treuchtlingen die europäische Hauptwasserscheide mit Hilfe eines Schiffahrtsweges zu überqueren, und der Fertigstellung des Main-Donau-Kanals. Auch die auf dem Reißbrett entstandene Fränkische Seenplatte hat dazu beigetragen, die Gebiete zwischen Allersberg, Gunzenhausen und Pleinfeld völlig zu verändern (siehe dazu Seite 16).

Erholungsgebiet. Die Wasserfläche von über 40 Hektar ist eingebettet in eine waldreiche Umgebung. Der Weiher bietet einerseits Lebensräume für seltene Pflanzen und Vögel und andererseits Erholungssuchenden ein reiches Freizeitangebot. Spiel- und Liegewiesen zwischen Bäumen, Grillplätze in Sandsteinbrüchen, ein Campingplatz nahe am Weiher und eine Reihe von Gasthöfen. Sportarten: Segeln, Surfen, Rudern, Paddeln, Baden und Angeln oder Eisstockschießen, Schlittschuhlaufen, Rodeln.

ERLANGEN
Dechsendorfer Weiher

Ab Erlangen Bf Bus 205
Fahrzeit: 9 Min.
H: Dechsendorf, Weisendorfer Straße

Der Dechsendorfer Weiher im Nordwesten der Stadt Erlangen ist ein Modellprojekt für ein

HAPPURG
Stausee

Ab Nbg Hbf S 1 bis Lauf (li Pegn), dann R 4
Fahrzeit: 34 Min.
H: Hersbruck (li Pegn) Bf, dann Wanderung (ca. 30 Min.)

Ob Baden oder Wandern - Frankens Seen und Kanäle sind beliebte Ausflugsziele.

GEWÄSSER

Der Stausee ist nach 30 Jahren aus der Landschaft um Happurg nicht mehr wegzudenken. In der Nachbarschaft der Ortschaft entstand 1960 ein 55 Hektar großer Stausee, in dem rund 1,8 Millionen Kubikmeter Arbeitswasser gesammelt werden. Nachts wird das Wasser zum Obersee (17 Hektar) gepumpt, tagsüber fließt es durch die Pumpröhren bergab und treibt die Turbinen an. Mit einer Leistungskraft von 160.000 kW übertrifft es die Leistung des Walchenseekraftwerks um 50 Prozent. Übrigens wurden im Laufe der Jahre 140.000 Sträucher und Bäume im Bereich des Stausees gepflanzt.

Das Pumpspeicherwerk kann nach vorheriger Anmeldung kostenlos besichtigt werden. Anmeldung beim Kraftwerk Happurg, Hauptstr. 26, 91230 Happurg, Tel.: 09151/739-0.

BURGTHANN
Ludwig-Donau-Main-Kanal

Ab Nbg Hbf R 5
Fahrzeit: 21 Min.
H: Burgthann (z.B.)

Der Ludwig-Donau-Main-Kanal ist eines der imposantesten Kulturdenkmäler der Technik des 19. Jahrhunderts. In den Jahren 1836-46 wurde diese Wasserstraße, eine 177 Kilometer lange Verbindung von Main und Donau, auf Veranlassung von Bayern-König Ludwig I. erstellt. Ausgangspunkt war Bamberg, dann führte er durch das Regnitztal nach Nürnberg, weiter über das Schwarzachtal nach Neumarkt und über das Sulztal und den Unterlauf der Altmühl bis Kelheim. Der Höhenunterschied von 104 Metern wurde durch exakt 100 Schleusenkammern überbrückt. Der von Anfang an viel zu kleine Ludwig-Main-Donau-Kanal hat eine Breite von zwölf Metern, war einstmals eineinhalb Meter tief, und sein Bau kostete seinerzeit 170.000 Mark pro Kilometer.

Heute ist der „Ludwigs-Kanal" ein Dorado für Wochenendausflügler. Vor allem Wanderer und Radfahrer finden hier ein interessantes und vielseitiges Gebiet. Auf der Westseite des Erlanger Burgberges befindet sich das 1846 enthüllte Kanaldenkmal Ludwig von Schwanthalers.

SCHWARZENBRUCK
Brückkanal

Ab Nbg Hbf R 5
Fahrzeit: 14 Min.
H: Ochenbruck Bf, dann Wanderung (ca. 50 Min.)

Nahe der Autobahn-Raststätte Feucht führt der alte Ludwigskanal über eine hohe Sandsteinbrücke. Von der Brücke aus geht es etwa 15 Meter hinunter ins Schwarzachtal. Nach einem Einsturz wurde diese Brücke 1844 neu gebaut und gilt im Zusammenhang mit dem Ludwigskanal (s.o.) als interessantestes Bauwerk.

Im Grunde ist der Brückkanal das - allerdings wesentlich schönere - Vorbild für die weitaus größeren Trogbrücken des 130 Jahre später gebauten Main-Donau-Kanals. Eine dieser Trogbrücken überspannt in Fürth die Schwabacher Straße wie eine überdimensionale Badewanne. Übrigens gibt es am Brückkanal eine Gaststätte mit großem Biergarten (Mo Ruhetag).

TREUCHTLINGEN/GRABEN
Karlsgraben (Fossa Carolina)

Ständig begehbar, Infos unter Tel.: 09142/3121
Ab Nbg Hbf R 6
Fahrzeit: 44 Min.
H: Treuchtlingen Bf, dann Wanderung (ca. 60 Min.)

Schon im Herbst 793 wollte Karl der Große mit einem schiffbaren Kanal zwischen Altmühl und Schwäbischer Rezat die europäische Hauptwasserscheide überwinden und damit die Stromsysteme von Rhein und Donau verbinden.

An der „Fossa Carolina" bei Graben (Landkreis Weißenburg-Gunzenhausen) arbeiteten unter erschwerten Bedingungen „bei anhaltenden Regengüssen" bis zu 7800 Mann und bewegten in zehn Wochen rund 780.000 Kubikmeter Material. Die eindrucksvollen Überreste einer der größten Ingenieurleistungen des frühen Mittelalters sind in der Nähe von Treuchtlingen zu bewundern.

BRUNNEN

So mancher Brunnen ist bereits tausendfach fotografiert worden. Von anderen haben Sie vielleicht noch nie etwas gehört. Auf jeden Fall können Brunnen eine interessante Sache sein. Während die einen über das Nürnberger „Ehekarussell" diskutieren, drehen die anderen am Ring des Schönen Brunnens (das soll Glück bringen!).

BETZENSTEIN
Tiefer Brunnen

Am Marktplatz, bei Frau Käthe Seitz, Tel.: 09244/7022
Ab Nbg Hbf ZOB Bus 311
Fahrzeit: 76 Min.
H: Betzenstein Marktplatz (nur wenige Fahrmöglichkeiten)
Ö: Mai-Okt. Di 10-11 Uhr, Do, Sa u. So 14-15 Uhr
E: Erw. 1,- DM, Kinder 0,50 DM

In Zeiten großer Wassernot entstand in den Jahren von 1543 bis 1549 ein 92 Meter tiefer Brunnen mit Tretrad. Die Anlage gilt als ein Meisterwerk der Brunnenbautechnik, an dem sechs Jahre lang zwei Baumeister, zwei Steinmetzmeister und acht Gesellen in Tag- und Nachtschicht beteiligt waren. Die Chronik notiert außerdem 115 Fuhren Holz und 2047 große Sandsteinquader. Bis 1902 war der Brunnen die einzige Möglichkeit der Wasserversorgung in Betzenstein. Damals mußten vier Personen eine Viertelstunde an dem Tretrad arbeiten, um 100 Liter Wasser zu fördern.

FÜRTH
Centaurenbrunnen

Am Bahnhofsvorplatz
Linien: R 1/2 oder U 1
H: Fürth Hbf

Der mächtige Centaurenbrunnen in der Bahnhofsanlage wurde schon vor über 100 Jahren geschaffen. Der Bildhauer Rudolf Maison hat ihn modelliert und 1890 in der Münchner Erzgießerei Miller gegossen. Die Kosten wurden von den Fürther Bürgern aufgebracht und von Prinzregent Luitpold, der 36.000 Mark zur Verfügung stellte.

GRÄFENBERG
Osterbrunnen

Ab Nbg Nordostbf R 21. Oder ab Nbg Hbf ZOB Bus 212
Fahrzeit: 50 bzw. 54 Min.
H: Gräfenberg

Im Land der Burgen, Höhlen und Mühlen, im Städteviereck Forchheim-Bamberg-Bayreuth-Pegnitz, wird ein bodenständiger Brauch gepflegt, der Einheimische und Besucher gleichermaßen anspricht. Beim Osterbrunnen-Schmücken wetteifern die Orte miteinander um den schönsten Brunnen. Gräfenberg ist nur ein Beispiel von vielen. Der alte Oster-Brauch beruht im wesentlichen auf der früher geübten Verehrung des Wassers als Lebensquell.

Mit dem Bau von Gemeinde-Wasserleitungen wurden die Dorfbrunnen aber weitgehend überflüssig, so daß auch die alte Tradition Anfang der 50er Jahre fast auszusterben drohte. Gerade 23 geschmückte Brunnen soll es in den damaligen Landkreisen Bayreuth, Ebermannstadt, Forchheim und Pegnitz gegeben haben. Vor zehn Jahren lebte der Brauch wieder auf, und vor fünf Jahren wurden bereits stolze 226 Osterbrunnen in 169 Ortschaften gezählt. Als Schmuck dienen ausgeblasene Eier, Papierbänder, Girlanden und natürlich viele Blumen.

Die meisten Verkehrsämter

... der Fränkischen Schweiz verfügen über Listen „ihrer" Brunnen. Zum Teil gibt es sogar richtige Brunnen-Rundfahrten, so zum Beispiel ab Forchheim (Verkehrsamt Tel.: 09191/84338). Einen weiteren sehenswerten Osterbrunnen finden Sie in Egloffstein (Ab Forchheim Bf R 22 bis Ebermannstadt Bf, weiter mit Bus 235. Fahrzeit 51 Min. H: Egloffstein Mitte).

Ein schöner Brauch: Zu Ostern werden viele Brunnen prachtvoll geschmückt.

NÜRNBERG
Ehekarussell

Am Weißen Turm
Linien: U 1/11
H: Weißer Turm

Der interessanteste Nürnberger Brunnen, das „Ehekarussell" nach dem Hans-Sachs-Gedicht „Das bittersüße ehlich Leben" steht am Weißen Turm und hat schon vor seiner Aufstellung 1984 für Furore gesorgt. Der kreisrunde Brunnen mit seinen barocken Figuren kommt aus dem Atelier von Professor Jürgen Weber aus Braunschweig. Gegner des Brunnens reklamieren die barocke Bauweise in der eher gotischen Umgebung der Stadt und wünschen sich mehr Platz für eine bessere Raumwirkung. Mittlerweile überwiegen jedoch die positiven Stimmen. Die meisten Betrachter haben jedenfalls viel Spaß an den dramatisch wirkenden Figuren und der heiteren Atmosphäre der Wasserspiele.

NÜRNBERG
Schöner Brunnen

Am Hauptmarkt
Linien: U 1/11 oder Bus 36
H: Lorenzkirche bzw. Hauptmarkt

Der Schöne Brunnen, eine 19 Meter hohe Steinpyramide, ist in der Zeit von 1385 bis 1396 entstanden. Insgesamt 40 Steinfiguren erheben sich in vier Reihen, beginnend mit der Darstellung der Philosophie und der sieben freien Künste. Dahinter sind die vier Evangelisten und die Päpste Gregor der Große, Hieronymus, Ambrosius und Augustin angeordnet. Die mittlere Reihe zeigt die sieben Kurfürsten und drei jüdische, drei heidnische und drei christliche Helden des Altertums. Ganz oben stehen Moses und sieben alttestamentarische Propheten. Bei dem Brunnen handelt es sich um eine Nachbildung aus der Zeit von 1897 bis 1903. Originale der verwitterten Sandsteinfiguren befinden sich im Germanischen Nationalmuseum.

Im Zusammenhang mit einem nahtlos in das Kunstgitter des Brunnens eingearbeiteten Ring hält sich im Volksmund die Sage, daß dieser heimlich von einem Schlosserlehrling ohne Wissen seines Meisters montiert wurde. Aus dem Ring wurde mittlerweile ein Glücksring, der jedes Jahr millionenfach gedreht wird.

NÜRNBERG
Tiefer Brunnen

In der Mitte des Burgvorhofes,
Tel.: 0911/ 225726 (siehe auch S. 8)
Linie: Stb 4
H: Tiergärtnertor
Ö: April-Sept. tägl. 9-12 u. 12.45-17 Uhr, Okt.-März 9.30-12 u. 12.45-16 Uhr
E: in der Gesamtkarte der Kaiserburg enthalten (Erw. 3,- DM, Kinder 2,- DM)

Der 53 Meter Tiefe Brunnen wurde vermutlich schon im 12. Jahrhundert in den Fels geschlagen, der Wasserstand beträgt etwa drei Meter. In Zeiten der Belagerung war der Tiefe Brunnen die einzige Wasserquelle der Burg. Die Brunnenbrüstung stammt aus dem 16. Jahrhundert, damals baute die Stadt auch ein Schöpfrad. Der Unterbau des Brunnenhauses wurde 1563 errichtet, ein Jahr später entstand daneben eine Badestube. Der Fachwerkoberbau wurde 1951 erneuert.

NÜRNBERG
Tugendbrunnen

Königstraße (An der Nordseite der Lorenzkirche)
Linien: U 1/11
H: Lorenzkirche

Der Tugendbrunnen aus der Zeit von 1584-89 ist ein Werk des Erzgießers Benedikt Wurzelbauer. Die Figuren im unteren Bereich verkörpern die sechs Tugenden Glaube, Hoffnung, Liebe, Großmut, Geduld und Tapferkeit. Darüber befinden sich Putten mit den Wappen der Reichstadt Nürnberg. Die Gestalt der Gerechtigkeit bekrönt den filigran gearbeiteten Brunnen.

WEISSENBURG (i. Bay.)
Tiefer Brunnen

Auf der Festung Wülzburg, östlich von Weißenburg, Tel.: 09141/907124
Ab Nbg Hbf R 6
Fahrzeit: 38 Min.
H: Weißenburg Bf, von dort ca. 40 Min. Fußweg
Ö: Sa 13-17 Uhr, So 10-12 u. 13-17 Uhr
E: Festungshof frei zugänglich. Besichtigung des Brunnens im Rahmen der Festungsführung, Erw. 1,- DM, Kinder 0,50 DM

Im Nordflügel der Festung ist der 166 Meter tiefe Brunnen untergebracht, der bis zur Rezat-Sohle reicht. In dem riesigen Tretrad mußten Männer laufen, um so das Wasser aus der Tiefe des Brunnens zu fördern. Gebaut wurde die Anlage in den Jahren von 1825 bis 1831.

Das Ehekarussell gilt als interessantester Brunnen Nürnbergs.

MÄRKTE

Drei sehr außergewöhnliche und sehr unterschiedliche Märkte gibt es im VGN-Gebiet. Sie sind weit über die Grenzen des Verbundraumes hinaus bekannt und dürfen hier natürlich nicht fehlen. Immer mehr Leute mögen Produkte frisch vom Bauernhof. Kein Wunder also, daß auch der ganz normale Bauern- bzw. Wochenmarkt Hochkonjunktur hat. Wir nennen ein paar der beliebtesten Märkte als Anregung. Informieren Sie sich am besten vor einem Besuch bei der entsprechenden Stadtverwaltung (Telefonnummern ab S. 136).

Im Mai ist Spargelmarkt in Nürnberg.

ERLANGEN
Ostereiermarkt

Redoutensaal, Theaterstr. 3, Tel.: 09131/862252

Linien: Bus 286/287/289

H: Altstadtmarkt

Anfang März

Der Fränkische Ostereiermarkt Erlangen feierte 1991 sein 10jähriges Jubiläum. Jeweils Anfang März kommen in der ehemaligen Hugenottenstadt Eiermaler und Sammler zu Kauf und Tausch zusammen. Die Erlanger Veranstaltung im Redoutensaal zählt zu den profiliertesten Märkten dieser Art im Bundesgebiet.

NÜRNBERG
Spargelmarkt

Hauptmarkt, Infos unter Tel.: 0911/2336-16

Linien: U 1/11 oder Bus 36

H: Lorenzkirche bzw. Hauptmarkt

Mai

Kulinarisch-folkloristisch gibt sich seit 1990 der Nürnberger Spargelmarkt, der sich von Beginn an bei den Bürgern der Stadt Nürnberg und ihren Gästen großer Beliebtheit erfreute. Mitten in dem ohnedies prall-bunten Angebot des Wochenmarktes dreht sich Ende Juni alles um das „Gemüse der Könige". An den Spezialitätenständen bereiten Nürnberger Gastronomen und Marktkaufleute deftige und edle Spargelspezialitäten zu, die im „Fränkischen Wirtsgarten" serviert werden. Zu dem attraktiven Programm gehört unter anderem ein farbenprächtiger Umzug der Knoblauchsländer Spargelbauern und ein Spargelschäl-Wettbewerb.

NÜRNBERG
Trempelmärkte

Altstadt (große Teile der Fußgängerzonen), Tel.: 0911/231-0 (das Marktamt informiert über die jeweiligen Termine)

Linien: U 1/11

H: Lorenzkirche

Mai und September

Seit 1971 kommen die Trempler, wie die Trödel-Verkäufer speziell in Nürnberg genannt werden, im Mai und im September in die Altstadt, um hier das größte Open-air-Antiquitätengeschäft der Republik abzuwickeln. Den Käufern macht's offenbar Spaß: Zu jeder Veranstaltung kommen um die 200.000 Interessenten ins Paradies der Raritäten.

Bauernmärkte

Ansbach: jeden Samstag
Altdorf: jeden Samstag
Colmberg: zweimal im Jahr (einer der schönsten Märkte überhaupt!)
Georgensgmünd: jeden Samstag
Neumarkt: jeden Samstag
Neustadt a.d. Aisch: jeden Samstag
Roth: jeden Freitag

WANDERTOUREN
ZU FUSS UND MIT DEM RAD

Die Wanderungen und Radtouren haben wir für Sie mit Hilfe der einzelnen Gemeinden und Landratsämter zusammengestellt. Diese Tourenvorschläge sind natürlich nur als Anregung zu verstehen. Schauen Sie doch mal in unseren Informationsteil über die Städte und Gemeinden im VGN-Gebiet (ab Seite 136): Viele Verkehrsämter halten Wander- und Radlvorschläge für ihre Besucher bereit. Noch mehr Tips zum Thema Radfahren finden Sie in dem Kap. Radverleih ab S. 30.

Zu Fuß

ALLERSBERG/ROTH

Auf den Spuren der Drahtzieher, Wanderweg von rund 15 km Länge und einer Dauer von etwa vier Stunden
Ausgangspunkt: Markt Allersberg
Ab Nürnberg Langwasser Mitte Bus 601/609
Fahrzeit: ca. 30 Min.
H: Johannisbrücke

Vom Allersberger Marktplatz führt der Weg über die Hilpoltsteiner Straße, am Sportgelände der Eintracht vorbei und unter der Autobahn hindurch zum Rothsee (Kap. Fränkisches Seenland ab 16). Nach der Seemeisterstelle Heuberg und dem Hauptsperrendamm geht es zum Main-Donau-Kanal und der Schleuse Eckersmühlen (Schwimmstadion Ironman siehe Kap. Badespaß ab S. 24). Über Haimpfarrich führt der Weg Nr. 12 nach Eckersmühlen zum romantisch gelegenen Eisenhammer (Kap. Museen ab S. 116).

Durch den Rothgrund geht es nach Hofstetten, am Rother Wasserwerk vorbei und über die Hilpoltsteiner Straße entlang der Lokalbahn Gredl (Kap. „Nostalgie auf Schienen" ab S. 10). Das Fabrikmuseum am Rother Festplatz (Kap. Museen) ist genauso sehenswert wie das markgräfliche Jagdschloß Ratibor (Kap. Burgen ab S. 96) mit seinem Heimatmuseum. Ein kurzer Weg zum Rother Bahnhof, von dort mit der R 6 zurück nach Nürnberg (Fahrzeit 19 Min.).

ALTDORF (GRÜNSBERG)

Wanderung zur Sophienquelle, Blaustrich-Markierung ab Grünsberg, Wanderung ca. 5 km
Ab Nbg Hbf S 2
Fahrzeit: 33 Min.
H: Altdorf Bf

In Grünsberg beginnt der markierte Zeidlerweg (Zeidler= Imker). Folgt man dieser Markierung, kommt man schließlich westlich von Grünsberg zur sogenannten Sophienquelle. Sie die Attraktion dieser auch sonst schönen Wanderung. Aus der halbrunden Nische einer kunstvollen Steinanlage fließt das Wasser in Kaskaden in ein breites Wasserbecken und weiter ins Tal. Eine Inschrift an dem idyllischen Rastplatz erinnert an den Erbauer:

„Paul Paumgartner schuf zu Ehren seiner Frau / Sophie, gebornen Nützel, 1720 diesen Bau. / Ihn ließ, der Patin Gedächtnis freun / Sophie Haas, geborne Stromer, 1860 erneun."

GRÄFENBERG

Wanderung zur Kasberger Linde, über Guttenburg zum Teufelstisch und zurück nach Gräfenberg, Rundweg ca. 10 km
Ausgangspunkt am Schulzentrum
Ab Nürnberg Nordostbf R 21. Oder ab Nbg Hbf ZOB Bus 212
Fahrzeit: 50 bzw. 54 Min.
H: Gräfenberg

Der etwa dreistündige Rundweg führt über die Blaukreuz-Markierung bis zur Straße nach Kasberg und zur Linde (Kap. Bäume mit Geschichte S. 109). Weiter laufen Sie den Weg über Guttenburg entlang, beim Gasthaus Akazie gehen Sie rechts und folgen Richtung Eberhardberg dem Blaustrich. Dieser Weg führt zum Teufelstisch, wo sich der Sage nach der Ritter Graf Kuno von Gräfenberg mit dem Teufel getroffen haben soll. Von dort geht es dann zurück nach Gräfenberg.

Anschauliche Geschichte: der Archäologische Wanderweg in Thalmässing.

HIRSCHBACH

Wander- und Kletterweg
Ab Hersbruck Bf (re Pegn) Bus 318
Fahrzeit: 25 Min
H: Hirschbach Mitte

„Werden Sie Wanderkönig auf 200 Kilometern markierten Wanderwegen" lautet die Einladung des Verkehrsvereins Hirschbach. Urkunden und Plaketten gibt es für 30, 50 und 70 Kilometer, Voraussetzung ist allerdings ein Wanderpaß, den es zum Preis von 2,50 DM beim Verkehrsverein Hirschbach (Tel.: 09152/8079 oder 8092) gibt. Übrigens ist das Hirschbachtal auch ein Dorado für Kletterer: Mit dem Höhenglückssteig und dem Norissteig bietet die DAV-Sektion Noris einen einmaligen Klettergarten an, der 700 Meter seilgesicherten Fels in drei Abschnitten beinhaltet. Dazu gehört die 40 Meter hohe Mittelbergwand des Schwierigkeitsgrades neun.

THALMÄSSING

Archäologischer Wanderweg
Ab Roth Bf Mo-Fr R 61 bis Hilpoltstein, weiter mit Bus 611. Sa u. So ab Roth Bf Bus 611 (Direktverb.)
Fahrzeit: 51 bzw. 60 Min.
H: Thalmässing Marktplatz

Der Wanderweg berührt auf einer Distanz von 16 Kilometern zehn interessante archäologische Stationen. Sie vermitteln Informationen über die vor- und frühgeschichtliche Besiedelung des Thalmässinger Raumes. Besonders hervorzuheben ist die Grabhügelanlage bei Landersdorf aus der Zeit 750 bis 450 v. Chr. Die fünf Grabhügel sind originalgetreu rekonstruiert und bieten eine in Bayern einmalige Darstellung eines vorgeschichtlichen Gräberfeldes.

WEISSENBURG (i. Bay.)

Auf den Spuren der Römer, Gesamtstrecke 30 km
Ausgangspunkt ist der Bahnhof Weißenburg
Ab Nürnberg Hbf R 6
Fahrzeit: 38 Min.
H: Weißenburg Bf

Über die Brücke Richtung Alesheim werden die Römischen Thermen erreicht, und nur ein paar Schritte weiter befinden sich das ehemalige Kastell Biriciana und das Römermuseum (Kap. Römer in Weißenburg ab S. 14). Der Spaziergang geht weiter durch die Altstadt und zum Seeweiher. Von dort führt eine herrliche Allee zur Renaissancefestung Wülzburg (Kap. Burgen und Schlösser ab S.96). Nächste Station ist der Wanderweg Nr. 5 (ehemalige Römerstraße), der zu Limesüberresten und einem rekonstruierten Holzwachturm bei Burgsalach führt. Der Weg „L" führt über die „Steinerne Rinne" zum Wan-derweg „B" (Zwischenstation Naturfreundehaus) und den Bismarckturm zurück nach Weißenburg.

Burgsalach (Weißenburg): Wer allein wandert, fotografiert eben den Römerturm...

Mit dem Rad

ANSBACH

Radtour von Ansbach rund um den Altmühlsee, ca. 40 km (nur ganz leichte Steigungen)
Ausgangspunkt Bahnhof Ansbach
Ab Nbg Hbf R 7
Fahrzeit: ca. 45 Min.
H: Ansbach Bf

Am Bahnhof geht es zunächst rechts am Hofgarten vorbei. Dann Richtung Gunzenhausen auf dem Radweg entlang der Bundesstraße bis nach Leidendorf und weiter nach Triesdorf. Dort umfahren Sie die landwirtschaftlichen Lehranstalten. Auf der Hauptstraße geht es rechts durch die Ortsmitte nach Weidenbach. Links fahren Sie dann Richtung Ornbau (nicht die rechtsabbiegende Vorfahrtsstraße!). Die Altstadt von Ornbau wird durch das Stadttor beim Gasthaus Krone verlassen, und weiter geht's über die historische Altmühlbrücke durch die Wiesen zum Altmühlüberleiter. Dort beginnt der Rundweg um den See. Auf dem Rückweg ab der Brücke bei Gern der Ausschilderung „Altmühlweg" über Taugenroth-Obermühl, Mörlach, Großenried und Thann folgen. Über Velden und Rauenzell fahren Sie weiter über Rös, Bernhardswinden und Meinhardswinden nach Ansbach.

BAIERSDORF

Zu den Wasserschöpfrädern von Möhrendorf, Rundweg ca. 21 km
Ausgangspunkt Kirchweihplatz Baiersdorf
Ab Nbg Hbf R 2
Fahrzeit: 23 Min.
H: Baiersdorf

Die Route führt von Baiersdorf über Wellerstadt und Boxdorf nach Hagenau und weiter nach Igelsdorf und Bräuningshof. Von Bubenreuth geht's auf dem Weg nach Baiersdorf zurück. Ausführliches Kartenmaterial zu dieser Tour gibt es beim Landratsamt Erlangen-Höchstadt (Route 9).

NEUKIRCHEN (b. Sulzb.-R.)

Radrundwanderweg, ca. 20 km
Ausgangspunkt Bahnhof Neukirchen
Ab Nbg Hbf S 1 bis Lauf (li Pegn), dann weiter mit R 4
Fahrzeit: 53 Min.
H: Neukirchen (b S-R) Bf

Am Bahnhof geht's durch die Unterführung Richtung B 14 und Ermhof. Mitten im Ort zweigt links ein Forstweg ab, der durch einen herrlichen Wald und idyllische Wiesen führt. In der Nähe der Bundesstraße verläßt man den Wald, dort kommt dann auch die Brauerei Fichtelbrunn in Sicht. Da, wo man den Wald verlassen hat, führt linker Hand wieder ein Forstweg hinein. Im Tal trifft er auf die Gemeindeverbindungsstraße Truisdorf-Trondorf. Dieser Straße folgen Sie nach rechts, durchqueren dann Trondorf bis nach einem kurzen Wegstück die Abzweigung nach Untermainshof kommt. Jetzt müssen Sie rechts abbiegen und auf der schmalen Teerstraße nach Obermainshof und Untermainshof weiterfahren.

Dann geht's unter der Ostbahn hindurch nach Niederricht und Kummerthal. Weiter ein kurzes Stück auf der Staatsstraße bis zum Ortsende zur Abzweigung Fromberg. Hier geht es parallel zur Bahnlinie, links am Gasthaus Herrmann vorbei und durchs Tal bis zum Klafferbach. Das Blumenschmuck-Dorf Röckenricht ist die nächste Etappe. Hier geht es wieder auf die Staatsstraße, auf der links abbiegend der Klafferbach überquert wird, um dann gleich wieder beim Gasthaus Grünthaler nach rechts abzubiegen. Aus dem Ort heraus, beim Trafoturm, trifft man auf den Radweg 1. Nach links (über Lockenricht) kommt man dann zur Osterhöhle (Kap. Höhlen ab S. 40). Von der Höhle aus geht's bergab Richtung Trondorf, bis im Tal die Straße Obermainshof-Neukirchen gekreuzt wird. Von hier aus ist es über Schönlind nicht mehr weit nach Neukirchen.

Fahrrad-Mitnahme in Bussen und Bahnen?
- beim VGN kein Problem.
Infos auf Seite 30

NEUMARKT

Radwanderung von Neumarkt nach Freystadt, Rundweg ca. 33 km

Ausgangspunkt ist der Bahnhof in Neumarkt

Ab Nbg Hbf R 5

Fahrzeit: 36 Min.

H: Neumarkt Bf

Start in Richtung Süden, der Ausschilderung „Tour de Baroque" (Kap. Radverleih ab S. 30) folgend bis nach Stauf. Über Buchberg und Forst geht es nach Freystadt (Mariahilf-Wallfahrtskirche, Kap. Kirchen ab S. 124). Von Aßlschwang führt der Weg nach Möning (bei entsprechender Kondition wegen der weiten Sicht unbedingt einen Abstecher wert) und Pavelsbach. Von Berngau aus fahren Sie am Ortsende beim Fußballplatz über einen Feldweg bis Woffenbach. Die letzte Etappe bis Neumarkt ist dann beschildert. Dazu gibt es eine Karte mit 20 Radwanderungen durch den Juralandkreis Neumarkt, anzufordern beim Landratsamt, PF 1405, 92318 Neumarkt, Tel.:09181/320313.

NEUSTADT A.D. AISCH

Radwanderung nach Bad Windsheim: Völlig flache Familien-Radelstrecke von 25 km Länge auf dem Hinweg; 28 km lange und etwas hügelige Strecke zurück nach Neustadt/Aisch.

Ausgangspunkt ist der Bahnhof Neustadt/Aisch

Ab Nbg Hbf R 1

Fahrzeit: 27-45 Min.

H: Neustadt (Aisch) Bf

Los geht es über den Kirchweihplatz zum Aischtal-Radweg und an saftigen Aischwiesen vorbei nach Schauerheim. Von dort radeln Sie über Altheim weiter nach Ipsheim. In Ipsheim sollten Sie auf jeden Fall ein Päuschen machen und vielleicht bei einem Winzer einkehren. Über die Weinlage „Weimersheimer Roter Berg" führt die Strecke nach Mailheim und Lenkersheim in die Kurstadt Bad Windsheim (Fränkisches Freilandmuseum). Der Rückweg führt über Weimersheim, Eichelburg und Beerbach nach Neustadt a.d. Aisch.

Hereinspaziert: Neumarkt zieht Radler und Wanderer gleichermaßen an.

FRIEDHÖFE

FÜRTH
Jüdischer Friedhof

Weiherstraße
Ab Fürth Hbf Bus 172/174/175
Fahrzeit: 6 Min.
H: Stadthalle

Im 18. Jahrhundert lag der Anteil der jüdischen Bürger in Fürth bei rund einem Drittel der Gesamtbevölkerung. Der Friedhof geht auf das Jahr 1607 zurück, als Markgraf Joachim Ernst von Ansbach die Genehmigung für die Anlage erteilte. Rund 1000 Grabsteine mit hebräischer Beschriftung aus dem 17., 18. und 19. Jahrhundert sind dort zu sehen.

NÜRNBERG
St. Johannisfriedhof

Albrecht Dürer ist auf dem Johannisfriedhof begraben.

Johannisstraße
Linien: Stb 6 oder Bus 34
H: Brückenstraße
Ö: April-Sept. 7-19 Uhr, Okt.-März 8-17 Uhr

Ein Friedhof an dieser Stelle besteht schon seit dem 13. Jahrhundert. Die Bewohner der umliegenden Dörfer und die Verstorbenen des dortigen Siechenhauses wurden hier bestattet. Anfang des 16. Jahrhunderts untersagte der Rat der Stadt Nürnberg Begräbnisse im Bereich der beiden großen Stadtkirchen, so daß fortan für die Pfarrei St. Lorenz der Rochusfriedhof und für St. Sebald der Johannisfriedhof angelegt bzw. ausgebaut wurde. Eine Besonderheit beider Friedhöfe sind die liegenden Grabsteine, zum Teil aus dem 16. Jahrhundert. Gegossene Erztafeln geben Auskunft über Namen und Beruf und zeigen zum Teil auch sehr schöne Familienwappen. Ein Gang über den vom Verkehr eingekreisten Gottesacker vermittelt ein seltenes Gefühl von Harmonie und Ruhe, wozu der jahreszeitbedingte Schmuck der Gräber beiträgt. Berühmte Nürnberger, wie zum Beispiel Albrecht Dürer (Grab 649), Willibald Pirckheimer (Grab 1414), Anselm Feuerbach (Grab 715), Wenzel Jamnitzer (Grab 664), Veit Stoß (Grab 268) oder Veit Hirsvogel (Grab 903) haben auf dem Johannisfriedhof ihre letzte Ruhestätte gefunden. Sehenswert ist übrigens auch die alte Johanniskirche von 1377 mit einem Hauptaltar von 1511/1516 und Gemälden des Dürer-Schülers Wolf Traut.

NÜRNBERG
St. Rochusfriedhof

Rothenburger Straße
Linien: U 1/2
H: Plärrer
Ö: April-Sept. 7-19 Uhr, Okt.-März 8-17 Uhr

Auch auf dem St. Rochusfriedhof sind zahlreiche liegende Grabsteine mit Bronze-Epitaphien erhalten. Die Rochus-Kapelle ist eine Stiftung des Nürnberger Patriziers Konrad Imhoff mit Glasmalereien von Veit Hirsvogel und einem Altargemälde, das unter dem Einfluß von Albrecht Dürer entstanden sein soll. Peter Fischer und seine Söhne (Grab 90) und Hans Beheim (Grab 304) ruhen auf dem St. Rochus-Friedhof.

NATURPARKS

Von den insgesamt 17 bayerischen Naturparks, die mit knapp 2,1 Millionen Hektar Gesamtfläche rund 29 Prozent der Landesfläche ausmachen, liegen zehn in Franken - vier davon im Bereich des VGN. Einer umweltfreundlichen Anreise mit öffentlichen Verkehrsmitteln steht also nichts im Wege! (Beachten Sie das Kap. Wandern ab S. 54)

Naturpark Frankenhöhe

> **Auskünfte: Verein Naturpark Frankenhöhe e.V., Landratsamt Ansbach, Crailsheimstraße 1, 91522 Ansbach, Tel.: 0981/68-1**
>
> **Erreichbar z.B. ab Nbg Hbf R 7 bis Ansbach. Oder ab Fürth Hbf R 12 nach Markt Erlbach**
>
> **Fahrzeit: jew. ca. 45 Min.**
>
> **H: Ansbach Bf bzw. Markt Erlbach Bf**

An der Landesgrenze zu Baden-Württemberg liegt im östlichen Mittelfranken der Naturpark Frankenhöhe. Im Osten reicht der Park mit einer Fläche von 110.000 Hektar bis nahe an den Raum Nürnberg-Fürth-Erlangen heran. Die Südgrenze bildet die Bundesstraße 14, die Nordgrenze die Aisch. Stark abfallende, in sich gegliederte, meist bewaldete Hänge prägen das Bild der Landschaft. Beispielhaft dafür ist das steil eingeschnittene Taubertal bei Rothenburg und die Windsheimer Bucht. Nach Osten flacht der Höhenrücken in das mittelfränkische Becken ab, die Höhenlagen bewegen sich zwischen 300 und 530 Meter.

Rund ein Drittel der Naturparkfläche ist mit Wald bedeckt, typisch für das Gebiet ist die Vielfalt an Baumarten und die Strauchflora. Die Tierwelt des Naturparks wird vor allem von einem reichen Vogelbestand geprägt: Mäusebussard, Turmfalke, Hühnerhabicht, Baumfalke und Sperber sind nicht selten. Brachvögel, Bekassine und Graureiher sind vor allem in der Naßwiesen der oberen Altmühl zu beobachten. Rad- und Wanderwege erschließen nicht nur reizvolle Landschaften, sie führen auch geradewegs zu kulturhistorischen Besonderheiten (siehe Kapitel Wandertouren)

Naturpark Steigerwald

> **Auskünfte: Verein Naturpark Steigerwald, Verkehrsamt Ebrach, Rathausplatz 2-4, 96157 Ebrach, Tel.: 09553/217**
>
> **Ab Nbg Hbf R 1**
>
> **Fahrzeit: 27-45 Min.**
>
> **H: Neustadt a.d. Aisch Bf**

Der Naturpark Steigerwald hat eine Ausdehnung von 128.000 Hektar und wird im Norden vom großen Mainbogen im Raum Marktbreit, Schweinfurt und Bamberg umschlossen, im Süden bildet die Aisch eine natürliche Begrenzung. Seine charakteristische Landschaft verdankt der Steigerwald den vor Millionen Jahren entstandenen Keuperschichten, deren Böden zusammen mit sonnigen Hängen das Wachstum bekannter Frankenweine fördern. Die markantesten Bergkuppen erreichen eine Höhe von knapp 500 Metern. Die Rotbuche ist der typische Baum des Steigerwaldes, in dem teilweise 200jährige Baumriesen zu finden sind. Zu den bemerkenswerten Tierarten zählen Wildschweine, kleine Damwildbestände und eine große Artenvielfalt der Vogelwelt. Sogar die selten gewordene Hohltaube und der winzige Zwergschnäpper brüten noch hier. Viele markierte Fern- und Rundwanderwege führen zu geschichtsträchtigen Bergen (Ebersberg, Schloßberg, Knetzberg, Zabelstein, Frankenberg), die einen weiten Ausblick über das Maintal, zur Rhön, zum Spessart oder Odenwald bieten.

Naturparks Fränkische Schweiz - Veldensteiner Forst

> **Auskünfte: Verein Naturpark Fränkische Schweiz - Veldensteiner Forst e.V., Rathaus Pottenstein, 91278 Pottenstein, Tel.: 09243/833**
>
> **Ab Nbg Hbf R 2 nach Forchheim bzw. R 3 nach Neuhaus**
>
> **Fahrzeit: jew. ca. 30 Min.**
>
> **H: Forchheim (Fränk. Schweiz) bzw. Neuhaus (Veldensteiner Fosrst)**

Gleich drei Regierungsbezirke berühret der zweitgrößte Naturpark Deutschlands: Oberfranken, Mittelfranken und die Oberpfalz teilen sich den 234.600 Hektar großen Park. Er wird im Nordosten durch das Maintal, im Osten durch den Truppenübungsplatz Grafenwöhr und im Süden von der Pegnitz eingerahmt. Romantische Täler und weite Jurahochflächen bestimmen das Bild der Fränkischen Schweiz, dem Kernland des Naturparks. Der Park ist im Norden offener, im Südosten liegen die großen Kiefern- und Fichtenwälder des Veldensteiner Forstes. Die Ursprünge der Landschaftsgestalt gehen auf die Zeit zurück, in welcher das Gebiet noch vom Jurameer bedeckt war. Aus dieser Zeit resultieren Versteinerungen und Auswaschungen, die unterirdische Höhlensysteme (Kap. Höhlen ab S. 40) formte.

Zur Landschaft des Naturparks gehört eine abwechslungsreiche Pflanzen - und Tierwelt: Es gibt Wacholderbüsche, Silberdisteln, Eibenmischwälder und Orchideen. Schwarzwild und Rotwild sind vor allem im Veldensteiner Forst anzutreffen, aber auch Auerhahn und Uhu. Eine Vielzahl seltener Wasservögel bevölkert die Weiherbereiche des Naturparks. In den zahlreichen und weitverzweigten Höhlen haben viele Fledermausarten Zuflucht gefunden. Von Nord nach Süd durchquert der Main-Donau-Fernwanderweg den Park. Naturdenkmäler, Burgen, Schlösser und Kirchen fügen sich in die prächtige Landschaft des Naturparks.

Das Altmühltal ist Deutschlands größter Naturpark.

Naturpark Altmühltal

Auskünfte: Verein Naturpark Altmühltal e.V., Landratsamt Weißenburg i.B., Friedrich-Ebert-Str. 18, 91781 Weißenburg i.B., Tel.: 09141/902-238
Ab Hbf Hbf R 6
Fahrzeit: ca. 44 Min.
H: Treuchtlingen Bf

Der größte Naturpark der Bundesrepublik gilt als ökologischer Ausgleichsraum zwischen dem Großraum Nürnberg, Ingolstadt, Augsburg und Regensburg. Gunzenhausen, Donauwörth, Kelheim und Breitenbrunn bilden die Eckpfeiler des 291.000 Hektar großen Parks. Das angenehme Klima im Park ist bekannt, die Sonnenscheindauer liegt im Juli und August weit über der des Alpengebiets und die Jurahochflächen gelten als reizschwach. Der Naturpark ist vor allem durch seine Talräume mit ihren eindrucksvollen Landschaften bekannt. Hochflächen und Täler bilden einen typischen Kontrast. Zum Altmühltal gehören Steinbrüche, in denen Juramarmor und Plattenkalke abgebaut werden. Nicht selten finden sich darin Versteinerungen von Tieren aus der Jurazeit vor 150 Millionen Jahren. Neuerdings ziehen auch wieder Wanderschäfer über die Hänge des Altmühltales und durch die charakteristischen Wacholderhutungen.

Die Mittelgebirgslandschaft des Altmühltales ist ein Paradies für Radler und Wanderer, dementsprechend gut ist das Wegenetz ausgebaut. Hobby-Geologen finden ein reiches Betätigungsfeld. Natur-, Wald- und Vogelschutz- sowie geologische und archäologische Lehrpfade ergänzen die Freizeit- und Erholungseinrichtungen. Besonders empfehlenswert ist der Besuch des Naturpark-Informationszentrums in Eichstätt. Zu den Hauptsehenswürdigkeiten im VGN-Bereich zählen die Hinterlassenschaften der Römer, die Wülzburg, das Deutsch-Ordensschloß in Ellingen und der Archäologische Wanderweg in Thalmässing (S. 55).

MESSEN IN NÜRNBERG

1974 wurde in der Noris eines der modernsten und funktionellsten Messezentren Europas in Betrieb genommen, seither ist Nürnberg Messestadt mit kontinuierlichem Aufwärtstrend. Eine ständige Anpassung an die Marktsituation macht das Messezentrum mit 101.000 qm Ausstellungsfläche in 13 Hallen international konkurrenzfähig. Zwar ist das Paradepferd im Ausstellungskalender nach wie vor die Internationale Spielwarenmesse, die größte und bedeutendste Schau dieser Art weltweit, aber längst sind weitere internationale Top-Veranstaltungen hinzugekommen. Insgesamt 15.000 Aussteller und über 1,2 Millionen Besucher wurden 1992 in den Hallen der Nürnberg-Messe registriert - fast die Hälfte davon Teilnehmer an den 20 Fachveranstaltungen. Neben den Fachbesuchern ist zu einigen Veranstaltungen auch ein interessiertes Publikum zugelassen.

Messezentrum
Infos: AFAG-Ausstellungsgesellschaft mbH, Tel.: 0911/86070
Linien: U 1/11
H: Messezentrum
Eintrittspreise: etwa 15 DM/Tag

Freizeit, Garten + Touristik

19.-27. Februar 1994
Boote, Camping, Caravans

Die große Freizeit-Schau gehört mittlerweile zu den meistbesuchten Veranstaltungen dieser Art im Bundesgebiet. Neben in- und ausländischen Touristik-Angeboten sind auch die Bereiche Boote, Camping und Caravan reichlich vertreten. Eine ausgesprochene Spezialität der AFAG-Austellungsmacher sind verschiedene Sonderaktionen und vor allem die Gartenschau mit millionenschweren Überraschungen im Gestaltungsbereich. Zeitgleich zu dieser Schau findet jedes Jahr der Autosalon mit Motorsportschau statt.

Autosalon

19.-27. Februar 1994
mit Motorsport-Schau

Neun Tage dauert die chromblitzende Schau der Automobile in der Frankenhalle und den benachbarten Hallen. Die Aufmerksamkeit der Besucher richtet sich aber nicht nur auf aktuelle Typen, sondern auch auf originelle Oldtimer, Motorräder und Rennwagen. Dem Rennsportgeschehen ist ebenfalls ein besonderer Bereich gewidmet, in dem jedes Jahr die Stars der Szene ihren großen Auftritt haben.

Immobilienmarkt

Termin-Infos unter Tel.: 0911/86060

Der Immobilienmarkt ist die fränkische Informations-Ausstellung zum Thema Verkauf und Finanzierung von Häusern, Wohnungen und Grundstücken. Banken, Versicherungen, Bausparkassen und Immobilienfirmen geben Auskünfte über Kauf und Finanzierung.

ART

Termin-Infos unter Tel.: 0911/335545

Die Kunstmesse „ART Nürnberg" wird von Kennern als die innovativste Kunstveranstaltung der Frankenmetropole bezeichnet. Seit Jahren auf Expansionskurs kommen inzwischen über 120 Aussteller aus ganz Europa nach Nürnberg, um auf 11.000 Quadratmeter Ausstellungsfläche über 13.000 Besuchern Kunstwerke und Aktionen zu präsentieren.

Hotel- und Gaststätten-Ausstellung

Termin-Infos unter Tel.: 0911/86070

Diese Hotel- und Gaststätten-Ausstellung ist *der* Pflichttermin für Gastwirte und Hoteliers in Bayern. Dabei geht es in den Hallen in Langwasser nicht allein um Kücheneinrichtungen, sondern in erster Linie um das Thema Gastlichkeit, das, wie man weiß, in Nürnberg ohnedies einen besonderen Stellenwert hat.

MESSEN

Nürnbergs größtes Veranstaltungszentrum: die Frankenhalle auf dem Messegelände.

Sonderschauen wie „Der gedeckte Tisch" oder die „Gläsernen Kochstudios" lassen den Besuchern das Wasser im Munde zusammenlaufen. Und wenn die Spitzenköche oder der Küchen-Nachwuchs bei den diversen Wettbewerben die Kochlöffel schwingen, passen Hobbyköche und -köchinnen besonders gut auf.

Frankenschau

37. August - 4. September 1994
Landwirtschafts-Ausstellung

Alle drei Jahre wird das Messezentrum zum Treffpunkt für Stadt und Land. Die einen interessieren sich für landwirtschaftliche Produkte, Tierschauen und Pferdevorführungen, die anderen suchen die Marktübersicht und das aktuelle Maschinenangebot. Für alle gleichermaßen interessant sind das „Frankendorf" und ein hervorragend gestaltetes Rahmenprogramm mit Erlebnisbauernhof für Kinder und einer Minikäserei.

CONSUMENTA

30. Oktober - 7. November 1993
22.-30. Oktober 1994
Ausstellung für den Verbraucher mit Fachschau „bauen + wohnen"

Die CONSUMENTA ist schon seit Jahren die größte und besucherstärkste Verbraucherschau im süddeutschen Raum, die Jahr für Jahr Bestnoten von Ausstellern und Besuchern bekommt. Im Rahmen der angeschlossenen Fachschau „bauen + wohnen" werden regelmäßig Fachvorträge veranstaltet.

IENA

3.-7. November 1993
26.-30. Oktober 1994
Internationale Ausstellung „Ideen - Erfindungen - Neuheiten"

Die Stadt der Tüftler und des Nürnberger Trichters ist gleichzeitig Veranstaltungsort der IENA, der Internationalen Ausstellung „Ideen - Erfindungen - Neuheiten". Seit 1948 präsentiert sie Geistesblitze aus aller Welt, neuerdings von rund 250 Ausstellern und Erfindern aus 40 Ländern. Zwar sind die Erfinder zu Beginn der IENA ganz unter sich, aber interessiertes Publikum ist an bestimmten Tagen ebenfalls zugelassen (Termine sind bei der AFAG zu erfragen).

Kunst- und Antiquitäten-Ausstellung

Termine (Infos 0911/86060)

Eine zwar kleine, dafür aber umso feinere Verkaufsausstellung, bei der nicht nur schwerreiche Kunstkenner zum Zuge kommen. Aussteller und Besucher kommen aus dem gesamten bayerischen Raum, was durchaus Rückschlüsse auf die Qualität der Veranstaltung zuläßt.

FESTIVALS

International und bodenständig präsentiert sich das hier aufgeführte Programm: Bach und Barden, Blasiertes und Belesenes, Originelles und Originale. Kenner treffen auf Künstler, Jäger auf Sammler, Schreiber auf Zuhörer. Und alle wollen sie live dabei sein: in Kirchen und Fußgängerzonen, Sälen, Hallen, Parks und auf der grünen Wiese. Und oft gibt's den Spaß sogar zum Nulltarif. Kommen Sie mit?

ANSBACH
Rokokospiele

Vor der Orangerie im Hofgarten,
Kartenbestellung: Tel.: 0981/51243
Ab Nbg Hbf R 7
Fahrzeit: ca. 45 Min.
H: Ansbach Bf
erstes Juli-Wochenende

Jedes Jahr im Juli wird bei den Rokokospielen das höfische Leben der Markgrafenstadt Ansbach lebendig. Prachtvolle Kostüme, Jagdfalken-Vorführungen, ein Barockfeuerwerk, Musik und Tänze des 17. und 18. Jahrhunderts erinnern an die große Zeit der mittelfränkischen Regierungshauptstadt.

ANSBACH
Bachwoche

Mit Veranstaltungen in der Residenz, der Orangerie und den Kirchen St. Johannis und St. Gumbertus
Kartenbest. unter Tel.: 0981/51247
Ab Nbg Hbf R 7
Fahrzeit: ca. 45 Min.
H: Ansbach Bf
alle zwei Jahre im Juli (1993)

Mit der Bachwoche bietet die Markgrafenstadt seit 1948 ein Musikereignis von europäischem Rang. Obwohl das Fest um den herausragenden Komponisten längst zum internationalen Treffpunkt von Interpreten und Freunden der Bachschen Musik avancierte, hat die Reihe ihren intimen Charakter mit einer fast familiären Überschaubarkeit sowie ihr stilvolles Flair bewahrt. Der Prunksaal in der Residenz, die Orangerie sowie die Kirchen St. Johannis, St. Gumbertus und neuerdings St. Ludwig werden alle zwei Jahre jeweils Ende Juli zum Konzertsaal.

ERLANGEN
Figurentheater-Festival

An verschiedenen Veranstaltungsstätten in Nürnberg, Fürth und Erlangen
Ab Mitte März Infos beim Verkehrsverein Erlangen, Rathausplatz 1, Tel.: 09131/722195
alle zwei Jahre im Juni (1994)

Das Figurentheater-Festival ist ein Kultur-Projekt der Städteachse Nürnberg-Fürth-Erlangen-Schwabach, das 1994 zum 10. Mal stattfinden wird. Die Initiative ging von der Stadt Erlangen aus. Seither wurde versucht, das gesamte Spektrum des heutigen Figurentheaters darzustellen. Dutzende von Gruppen aus vielen Ländern präsentieren ihr Programm alle zwei Jahre jeweils im Juni. Ausstellungen, Vorträge, Podiumsgespräche und Filme ergänzen das beliebte Festival.

ERLANGEN
Poetenfest

Alle Veranstaltungen im Schloßgarten, bei schlechtem Wetter im Schloß
Kartenbestellung Tel.: 09131/25074
Linien: fast alle Erlanger Buslinien
H: Hugenottenplatz
Letztes August-Wochenende

Das Erlanger Poetenfest findet jedes Jahr Ende August statt (telefonische Termininformation unter 09171/22195). Poesie, Lesungen und Gespräche mit Autoren bestimmen das Dreitagesprogramm der größten Literatur-Veranstaltung im süddeutschen Raum. Ein Literatur-Forum bietet spannende Diskussionsrunden, bei denen heiße literarisch-politische Eisen angepackt werden.

NÜRNBERG
Bardentreffen

Internationales Festival der Liedermacher

Verschiedene Altstadt-Bühnen, Tel.: 0911/2336-31 (bei der Tourist Information kann man ab Januar den genauen Termin und die Auftrittsorte erfahren)

Linien: U 1/11

H: Lorenzkirche

Ende Juli (24.-25.7.1993)

Längst ist das legendäre Bardentreffen dem eng gefaßten Begriff des Barden entwachsen, wie der Untertitel deutlich macht. Seit dem Hans-Sachs-Gedenkjahr 1976 treten die Sangeskünstler aus aller Herren Länder Ende Juli für die Zuhörer zum Nulltarif auf Straßen und Plätzen der Altstadt auf. Tommi Bayer, Hans-Rudolf Kunze oder Entertainer Thomas Gottschalk waren in den Anfangsjahren des Festivals von den Veranstaltern noch für ein Butterbrot zu bekommen und auf den Barden-Bühnen zu hören und zu sehen. Auch heute können sich die Namen der Künstler sehen lassen. Ab April etwa sagt Ihnen die Tourist-Information, auf wen Sie sich freuen können.

Engagement statt Elektronik: Liedermacher beim Nürnberger Bardentreffen.

FESTIVALS

Noch ein wichtiges Festival: die historischen Wallensteinfestspiele in Altdorf. Sie finden alle drei Jahre statt. Die nächste Veranstaltung (26.6.-7.8.1994) ist das 100jährige Jubiläum dieser Festspiele.

NÜRNBERG
Jazz Ost West

Internationales Jazzfestival
Festivalbüro, Postfach 210413, Tel.: 0911/364297
Kartenvorverkauf siehe Bühnenzauber
MEISTERSINGERHALLE:
Linien: Stb 9, Bus 36
H: Meistersingerhalle
KOMM:
am Hbf
TAFELHALLE:
Linie: Stb 8
H: Tafelhalle
Alle 2 Jahre im Mai (1994)

Seit 1966 wird in Nürnberg im Zweijahres-Rhythmus Jazz vom Feinsten geboten. Mittlerweile ist Jazz Ost West eine der bedeutendsten europäischen Musikveranstaltungen dieser Art geworden. Fast alle Großen der Szene waren seither in Nürnberg. Die ursprüngliche Zielsetzung des Festivals, Musiker aus Ost- und Westeuropa zusammenzubringen, steht durch die politischen Veränderungen nicht mehr so im Vordergrund. Zur Veranstaltung gibt es Festivalpässe. Einzelkarten sind in der Preislage zwischen 15,- und 40,- DM erhältlich.

NÜRNBERG
Internationale Orgelwoche

Altstadtkirchen und Meistersingerhalle, Tel.: 0911/231-0
ALTSTADTKIRCHEN:
Linien: U 1/11
H: Lorenzkirche
MEISTERSINGERHALLE:
Linien: Stb 9, Bus 36
H: Meistersingerhalle
Ende Juni/Anf. Juli

Die Internationale Orgelwoche ist Europas führendes Festival geistlicher Musik. Jeden Sommer sind die Freunde der Musica Sacra aus aller Welt zu Gast in der Noris. Die FAZ schreibt: „Die Nürnberger Veranstaltung ist schon immer ein Forum für Seltenes und Unbekanntes gewesen. Stets zog sich dabei ein roter Faden durch die vielfältigen Programme, und auch dem zeitgenössischen Schaffen wurde ein gebührender Platz innerhalb der sinnfällig konzipierten Themenkreise eingeräumt." So denken die Veranstalter jedes Jahr an den musikalischen Nachwuchs und bieten internationale Orgelmeisterkurse an, die große Beachtung finden. Seit einigen Jahren gibt es zum Auftakt der ION vor der Sebalduskriche ein kleines Fest, das immer mehr Zuspruch findet.

BÜHNENZAUBER

Die großen Theater sind im Großraum Nürnberg fest in kommunaler Hand, zumindest in finanzieller Hinsicht. Auf Staatstheater kann man hier nicht zurückgreifen - die befinden sich allesamt in der Landeshauptstadt München. Trotzdem können sich Theaterfreunde immer wieder über gelungene Inszenierungen freuen. Vor allem, wer die überraschenden Auftritte der „Freien" den etablierten großen Bühnen vorzieht, kommt hier auf seine Kosten. (Beachten Sie auch das Theater-Spezial der Jungen Szene ab S. 84)

ERLANGEN
Markgrafentheater

Theatertr. 3
Kartenbestellung unter
Tel.: 09131/22195
Linien: Bus 286/287/289
H: Altstadtmarkt

Das Markgrafentheater (1719) ist das älteste noch bespielte Barocktheater Süddeutschlands. Das ehemals hochfürstliche Opern- und Komödienhaus ist seit 1838 im Besitz der Stadt Erlangen. Jedes Jahr werden ca. 130 Gastspielaufführungen bedeutender Bühnen gegeben. Gezeigt werden hauptsächlich zeitgenössische Stücke, vor allem Boulevardkomödien.

ERLANGEN
Theater Garage

Theaterstr. 3
Kartenbestellung unter
Tel.: 09131/22195
Linien: Bus 286/287/289
H: Altstadtmarkt

Das avantgardistische Theater besteht seit 1974. Pro Jahr gibt es ca. 150 Vorstellungen: Eigenproduktionen, Gastspiele mit experimentellem Charakter, auch internationale Ensembles.

Carl Maria von Webers Euryanthe (Regie W. Quates) in der Nürnberger Oper.

BÜHNEN

FÜRTH
Stadttheater

Königstr. 116
Kartenbestellung unter
Tel.: 0911/771333
Linien: fast alle Fürther Buslinien
H: Stadttheater

Das neubarocke Gebäude (1902 erbaut, 1972 umgebaut) zählt zu den architektonischen Glanzpunkten der Kleeblattstadt. Als Gastspielbühne bietet das Stadttheater ein abwechslungsreiches Programm von Konzerten über Oper und Schauspiel bis hin zur Kleinkunst.

FÜRTH
Czurda-Off-Theater

Kaiserstr. 177,
Kartenbestellung unter
Tel.: 0911/78098-9
Linien: U1, Bus 176
H: Jakobinenstr. bzw. Ritterstr.

Das Czurda Tanztheater ist ein international besetztes freis Bühnenensemble, das im Auftrag städtischer Theater arbeitet, so zum Beispiel für die Städtischen Bühnen in Nürnberg, das Stadttheater Fürth und andere. Auskünfte zu den jeweils aktuellen Spielplänen und Auftrittsorten erhalten Sie unter Tel.: 0911/78098.

Kartenvorverkauf in Nürnberg

AZ-Kartenvorverkauf, Winklerstr. 15, Tel.: 0911/232695

Karstadt Kartenvorverkauf, An der Lorenzkirche 2, 2. Etage, Tel.: 0911/213551

Kartenkiosk im Maximum, Färberstr. 11, Tel.: 0911/208440

Kartenvorverkauf in der WOM-Ticket-Theaterkasse, Josephsplatz 18, Tel.: 0911/204295

Kartenvorverkauf Hörtnagel (schriftl.), Äußere Cramer-Klett-Str. 5, 90489 Nürnberg

NÜRNBERG
Städtische Bühnen
Opernhaus - Schauspielhaus - Kammerspiele

Richard-Wagner-Platz 2-10
Kartenbestellung: Tel.: 0911/2313808
und (für auswärtige Gruppen):
Fränkischer Besucherring, Tel.: 0911/22990. Karten gibt es jeweils ab 15. des Vormonats auch an den Theaterkassen.
Linie: U 2
H: Opernhaus

Zu den städtischen Bühnen führt ein eigener U-Bahn-Ausgang. Das Programm der drei Bühnen umfaßt die ganze Angebots-Palette eines großen Theaters. Der Rahmen für die zum Teil bemerkenswerten Aufführungen soll in Zukunft noch schöner werden: Die Jugendstiloper am Richard-Wagner-Platz wird in Kürze saniert. Freistaat Bayern, Stadt Nürnberg und eine Reihe Mäzene stellen rund 40 Millionen Mark dafür zur Verfügung. Bis zur Jahrhundertwende soll auch der gesamte Bühnenkomplex einschließlich Verwaltungstrakt, Schauspielhaus und Kammerspiele neu strukturiert werden.

Im Vorverkauf gelöste Eintrittskarten sind zugleich Fahrkarten für alle VGN-Verkehrsmittel.

NÜRNBERG

Altstadthof-Theater, Gostner-Hoftheater, Tafelhalle: siehe S. 84/85

NÜRNBERG
Kleine Komödie

Im Stadtpark-Restaurant,
Berliner Platz 9
Kartenbestellung unter
Tel.: 0911/745181
Linie: Stb 3
H: Stadtpark
E: 16,- DM (Vorverkauf), 18,- DM (Abendkasse)

BÜHNEN

Zwei-Mann-Theater ohne Tiefgang aber mit viel Humor. Nürnberger Alltagsgeschichten in (verständlicher) Mundart. Sonderprogramme und Revuen zu bestimmten Jahreszeiten und Festen (z.B. Fasching, Weihnachten). Im Sommer Theater-Terrasse mit Biergarten. Alles in allem eine höchst vergnügliche Unterhaltung.

NÜRNBERG
Marionetten-Theater

siehe Kap. Hits für Kids ab S. 36

NÜRNBERG
Paradies Travestie Cabaret

Bogenstr. 26
Kartenbestellung unter
Tel.: 0911/443991
Linien: U 1/11
H: Aufseßplatz
E: So-Fr 12,- DM, Sa 15,- DM

Süddeutschlands einziges Travestie-Kabarett. Zwei-Stunden-Programm mit Live-Gesang, Parodie und Striptease nach dem Motto „Mann oder Frau - wer weiß es genau?" Programm und Einrichtung ein bißchen frivol aber nie geschmacklos.

NÜRNBERG
Tassilo-Theater

Sielstr. 5
Kartenbestellung unter
Tel.: 0911/329889 (Mo-Fr 9-13 Uhr)
Linie: U 1
H: Bärenschanze

In dem kleinen aber feinen Theater (ca. 80 Plätze) tritt der Hausherr, Nürnbergs Vorzeigekabarettist Gerd Fischer, selbst regelmäßig mit Solo-Programmen auf. Berühmt sind seine Operetten-Gesangseinlagen und die perfekte Imitation von Franz-Josef Strauß. Häufig auch Gastspiele regional bekannter Kabarett-Ensembles.

NÜRNBERG
Nürnberger Burgtheater

Füll 13
Kartenbestellung unter
Tel.: 0911/222728
Linie: Bus 36
H: Weintraubengasse

Gastspieltheater mittlerer Größe (120 Plätze), mitten im Nürnberger Burgviertel und mit modernem Ambiente. Schwerpunktmäßig Kabarett und Musik (Klassik, Liedermacher). Häufig alternative Theatergruppen zu Gast.

NÜRNBERG
Jazz-Studio

siehe Kap. Live-Spektakel ab S. 86

WEISSENBURG (i. Bay.)
Das besondere Theater

Kulturzentrum Karmeliterkirche, Luitpoldstr. 10 (nur von April-Okt. bespielt)
Kartenbestellung: Tel.: 09141/907-123
Ab Nbg Hbf R 6
Fahrzeit: 38 Min.
H: Weißenburg Bf

Das besondere Theater besteht aus einer Abo-Reihe von zumeist fünf ausgewählten Stücken, die von Oktober bis Ende April in Weißenburg aufgeführt werden. Gast-Ensembles spielen Nestroy und Kishon, Uhry und Tschechow.

Theaterkontakte ohne feste Spielstätte

Mummpitz-Theater für Kinder und Jugendliche, Nürnberg, Steinstr. 21, Kartenbestellung unter Tel.: 0911/390330

Theater-Act Nürnberg, Steinstr. 21, Kartenbestellung unter Tel.: 0911/390599

Die Bühne Literatur & Lied, Nürnberg, Hauffstr. 8, Kartenbestellung: Tel.: 0911/593704

BARS

Halbgötter in Weiß - Barkeepern sagt man magische Kräfte nach. Uns Franken traut der Zugereiste zwar höchstens die richtige Mischung bei einem Christkindles-Glühwein zu, aber die hiesige Barkultur braucht keine Vergleiche zu scheuen. Ganz im Gegenteil, wie unsere Forschungsreise durch die Welten des Spirituosenzaubers belegt.

ERLANGEN
Bobby McGees

Theaterplatz 22, Tel.: 09131/22985
Ab Erlangen Bf Bus 286/287
-> Büchenbach
H: Martin-Luther-Platz
Fahrzeit: ca. 5 Min.
Ö: Mo-So 18-1 Uhr, Küche 18-24 Uhr

Allein die traumhafte Atmosphäre garantiert einen unvergeßlichen Abend. Ein Hauch von Fin de siècle im denkmalgeschützten Haus und der wie eine Burg standfest gebaute Tresen verhelfen dieser angenehmen Bar mit einer ausreichenden Anzahl an redeverstärkenden Mixgetränken zu großstädtischer Mondänität. Nur die Crêpe-Küche hinkt etwas hinter den hoch gesteckten Ansprüchen her.

ERLANGEN
Druckhaus

Wasserturmstraße 8, Tel.: 09131/21178
Ab Erlangen Bf Bus 286/287
-> Büchenbach
H: Altstadtmarkt
Fahrzeit: ca. 4 Min.
Ö: Mo-Sa 10-1 Uhr, So 18-1 Uhr, Küche bis 24, im Aug. Mo-So 18-1 Uhr

Die jüngste der aufgeführten Bars in der Hugenottenstadt ist zugleich die trendigste. Im Druckhaus herrscht auf den verschiedenen Ebenen in verschiedenen Stilrichtungen wegen des bunt gemischten Gästeansturms drückende Enge. In mehr als vier Farben werden international bekannte Cocktails gekonnt zubereitet, und sehr knusprige elsässische Flammküchle verlassen am Fließband die Küche. Ein Geheimtip ist der große Billard- und Snookerraum im 1. Stock.

ERLANGEN
Intermezzo

Martin-Luther-Platz 10, Tel.: 09131/209989
Ab Erlangen Bf Bus 286/287
-> Büchenbach
H: Martin-Luther-Platz
Fahrzeit: ca. 5 Min.
Ö: Mo-Do 18-1 Uhr, Fr u. Sa 18-2 Uhr, So 18-1 Uhr; Kleine Küche 18-1 Uhr

In dieser ständig proppenvollen Bar streiten die stets hochmodischen Gäste weniger über die exakte Beschaffenheit eines Dry Martinis als über die neue Gaultier-Kollektion oder darüber, welche Schlappen sich am besten für den jüngsten Dreier-BMW eignen. Die manchmal etwas zu phantasiereich gemixten Cocktails werden passend zur Farbe des Kostüms gewählt und sind Bestandteil der Inszenierung des schicken Intermezzo. Auch das angeschlossene Restaurant mit gehobener Küche ist empfehlenswert.

NÜRNBERG
Gelbes Haus

Fürther Straße/Troststraße 10, Tel.: 0911/262274
Ab Nbg Hbf U 1 -> Fürth Hbf
H: Bärenschanze
Fahrzeit: ca. 7 Min.
Ö: So-Do 19-1 Uhr, Fr u. Sa 19-2 Uhr

Klein und beschaulich ist die verschwenderisch mit edlem Papageienholz ausgeschlagene Bar. Meist angenehm mit interessanten oder zumindest interessant aussehenden Nürnbergern gefüllt, führt die mit Raritäten gespickte Spirituosenkarte vor allem bei Kennern zu Suchterscheinungen. Erst gelb, dann blau... Die nahe U-Bahnstation macht diese empfehlenswerte Bar noch interessanter.

BARS

Dezente Atmosphäre und versiert gemixte Cocktails: das Gelbe Haus.

NÜRNBERG
Scholz

Fürther Straße 61, Tel.: 0911/286201
Ab Nbg Hbf U 1/11 -> Fürth Hbf
H: Gostenhof
Fahrzeit: 6 Min.
Ö: Mo-Do u. So 17-1 Uhr, Fr u. Sa 17-2 Uhr (Küche immer geöffnet)

Während nebenan im Rio-Kino James Bond seine Cocktails rühren läßt, schüttelt der Barkeeper in der Foyer-Bar Scholz eine variantenreiche Auswahl aus dem Ärmel. Das stilvolle 50er-Jahre-Design und die leckeren Tagesgerichte sind nur zwei Gründe, warum diese Bar stets von der Szene-Karawane angesteuert wird. Spanische Nächte, spanischer Brandy, spanische Musik und die Lebenslust der Inhaber sind Garanten für nicht nur einen ereignisreichen Abend.

NÜRNBERG
Steinplatte

Haydnstraße 15, Tel.: 0911/5980320
Ab Nbg Hbf Stb 8 -> Erlenstegen
H: Thumenberger Weg
Fahrzeit: 13 Min.
Ö: Mo-So 11-1, Küche 11-14 u. 18-23 Uhr

Barchef Hermann ist so etwas wie eine lebende Legende. Ganz Genießer, verfeinert er nicht nur klassische Cocktails, sondern auch so manches Gericht seiner empfehlenswerten Küche, z.B. mit einer Pernod-Sauce. Schön schlicht eingerichtet, ist die traditionsreiche Steinplatte heutzutage ein Ort der höheren Weihen für Bar-Gänger jeder Couleur. Jung und alt sitzen einträchtig an der ewig langen Bar zusammen und diskutieren über Whisky und Whiskey. Stilvoller läßt es sich kaum anderswo trinken.

NÜRNBERG
Hammett's American Bar

Austraße 3a, Tel.: 0911/261323
Ab Hbf U 2 -> Röthenbach
H: Rothenburger Straße
Fahrzeit: 5 Min.
Ö: So-Do 20-2 Uhr, Fr-Sa 20-3 Uhr, kleine Küche

Der etwas eigenwillige Barchef und Inhaber strebt nach vollkommenen Cocktails mit perfekten Zutaten und ist dem Ziel schon ziemlich nahe. Seine hölzerne und vom Rummel von sechs Jahren leicht abgelebte Bar entbietet die ganze Bandbreite gemixter Getränke. Wer Appetit bekommt, rüstet sich mit spanisch-mexikanischem Barfood für weitere Cuba Libres. Bier und Alkoholfreies ebenfalls vorhanden.

NÜRNBERG
Freudenpark

Kilianstraße 125, Tel.: 0911/352702
Ab Nbg Hbf U1 -> Fürth Hbf bis Lorenzkirche, kurzer Fußweg zum Heilig-Geist-Spital, von dort Bus 46 -> Großreuth h.d.V.
H: Großreuth
Fahrzeit: 14 Min.
Ö: So-Do 17-2 Uhr, Fr u. Sa 17-3 Uhr

Die vielleicht schönste Bar im Großraum glänzt mit Superlativen: So viele Cocktails gibt es nirgendwo, und der Spirituosenbestand mit über 300 verschiedenen Flaschen sucht seinesgleichen. Mit seinen hölzernen, Hochaltären ähnelnden Flaschenschränken erinnert der Freudenpark an eine Kathedrale, und die versierten Barkeeper versehen ihren Job mit dem Engagement einer priesterlichen Berufung. Am angenehmsten kommt das Ambiente am frühen Abend zur Geltung oder im Hochsommer, wenn sich die Schönen dieser Stadt im großen Cocktailgarten tummeln.

NÜRNBERG
Walfisch

Jakobstraße 19, Tel.: 0911/221579
Ab Hbf U 1 -> Fürth Hbf
H: Weißer Turm
Fahrzeit: 3 Min.
Ö: Mo-Do 17-1 Uhr, Fr 17-2 Uhr, Sa 15-21 Uhr, So 15-1 Uhr

Perfekt in Szene gesetzte Schwulen-Bar, die von männlichen Heteros und Frauen jederzeit besucht werden kann. Der mildgrüne Rauhputz an den Wänden, die bequeme Ledersitzbank, ein großer Tresen zum Sehen und Gesehenwerden und ein Mini-Innenhof-Garten sind allein schon einen Besuch wert. Hübsche Männer, bemerkenswert netter Service und Heinz, der unvergleichliche Inhaber, sind erste Wal.

Wenn die Barkeeper loslegen, kommt Freude auf im Freudenpark.

FRÜHSTÜCKEN

Guten Morgen, Nürnberg! Ein Spaziergang an der Pegnitz vertreibt die Müdigkeit.

Morgenstund hat Gold im Mund. Logisch, aber uns wäre ein großer Becher Milchkaffee lieber. Hmm. Oder vielleicht ein leckeres Schoko-Croissant. Und damit der Frühstücks-Spaß nicht in Arbeit ausartet, geht man morgens am besten gleich wieder auf die Rolle. Tips für Frühaufsteher und Morgenmuffel in Nürnberg:

Wochentag

Ruhestörung

(siehe Seite 82)
Frühstück von 7.30-22 Uhr. Empfehlenswert für Feinschmecker ist der Teller „Hinter Mailand" mit Parmaschinken und Mortadella, oder für eilige Sparfüchse das Modell „Sparta" für 5,- DM; sehr guter Espresso.

Treibhaus

Karl-Grillenberger-Straße 28
Ab Hbf Nbg U 1 -> Fürth Hbf bis Haltestelle Weißer Turm
Frühstück von 8.30-20 Uhr, seit der Renovierung ein Geheimtip für stille Genießer mit einer ansprechenden und aufrüstbaren Auswahl.

Café Schiffstraße (Erlangen)

(siehe Seite 76)
Frühstücksbuffet von 9-12 Uhr, mit einer kostengünstigen und eher kleinen Auswahl hat sich das feine Café zu einer geschätzten Oase inmitten studentischen Treibens entwickelt.

Sonntag

The Rock

(siehe Seite 77)
26 verschiedene Varianten von 10-18 Uhr, Preise zwischen 5,- und 25,- DM. Handfestes Angebot mit witzigen Varianten wie z.B. einem „Omelette Southern Sweetie" mit Orangen-Honig-Sauce, einem Wild Turkey und einem Song von „Lynyrd Skynyrd".

Stella

Bergstraße 15
Ab Hbf Nbg U 2 -> Röthenbach bis Plärrer, von dort Stb 4 -> Thon bis Haltestelle Tiergärtnertor
Verschiedene Frühstücks-Varianten zwischen 6 und 18 Uhr. Das stilvolle Nachtschwärmercafé wird wegen seines liebevoll zusammengestellten Angebots auch von Frühaufstehern immer wieder gern aufgesucht.

Balazzo Brozzi

(siehe Seite 78)
Buffet von 9-15 Uhr, Preis nach Menge. Sehr reichhaltige Auswahl an Wurst und Käse, reichhaltiger Brotkorb, verschiedene Joghurts und Müslis.

DISCOTHEKEN

Mit einem Laser allein wird in Frankens Discotheken die Nacht nicht mehr zum Tag. Die anspruchsvoll gewordenen Dancefloor-Jünger verlangen nach klaren Einrichtungskonzepten und nach Abenden, die bestimmten Themen gewidmet sind. Wo gestern noch zu Heavy-Metal-Rhythmen getanzt wurde, wird heute der Techno-Hammer ausgepackt, um morgen eine Reise in die Soul-Beats der Vergangenheit anzutreten. Unsere kleine Auswahl nennt die besten Tanzpaläste - immer eine gute Anlegestelle für lange Nächte.

Inzwischen verdienen die fränkischen Künstler, die die im ersten Stock eines unscheinbaren Hauses gelegene Discothek gründeten, mit ihren Werken den Lebensunterhalt. Nun ist das ganz und gar unkonventionelle und heimelige Kitsch ihr Steckenpferd, welches von einer bunten Mischung aus Nachwuchspunkern bis zu etablierten Grafikern immer wieder gern heimgesucht wird, besonders am Sonntag. Am Wochenende orientiert sich die Musik stark an der Hitparade, wohingegen sonst ungewöhnliche Klänge von Old-Wave bis Cool-Jazz die Gehörgänge passieren.

ERLANGEN
Clima

Hauptstraße 105, Tel.: 09131/208485
Ab Erlangen Bf Bus 286/287 -> Büchenbach
H: Martin-Luther-Platz
Fahrzeit: ca. 5 Min.
Ö: Do-Fr 21-4 Uhr, Sa 22-5 Uhr
E: Do 5,- DM (davon 2,- DM Gutschein), Fr u. Sa 10,- (3,-) DM

Obwohl das Clima in einem historischen Kellergewölbe haust, ist diese beliebte Studentendisco nichts für Gruftis. Der kontaktfreudig eng angelegte Trendladen lebt vom Kontrast zwischen nüchternem Bunker-Ambiente und seinen schillernden Gästen. Ob adretter BWL-Student oder langbeinige Brückenlegerin von der Zahnklinik - das Klima findet hier jeder am Wochenende ab Mitternacht am besten.

FÜRTH
Kitsch

Hirschenstraße 17, Tel.: 0911/773660
Ab Fürth Hbf Bus 173 -> Atzenhof bzw. Mannhof
H: Hallstr.
Fahrzeit: ca. 2 Min.
Ö: Di-So 21-1 Uhr
E: Di-So 5,- DM (davon 3,- Gutschein)

NÜRNBERG
Attacke

Königstraße 39, Tel.: 0911/2447226
Ab Nbg Hbf U 1 -> Fürth Hbf
H: Lorenzkirche
Fahrzeit: ca. 1 Min.
Ö: Mo-Mi 21-2 Uhr, Do-So 21-3 Uhr
E: Fr u. Sa 10,- DM (davon 4,- DM Verzehr), Mi-Do 4,- (3,-) DM

Der Name ist Programm. Mit seinem jüngsten Streich bläst Szene-Gastronom Celal Tunc zur Attacke auf Nürnbergs Nachtleben. Von Hip Hop bis Limbo Lounge haben wechselnde DJs in der Kellerdisco die neuesten Schlager auf Lager, die das erwachsene Designer-Publikum am liebsten bei Tequila und Becks goutiert. Wir empfehlen für einen ereignisreichen Abend unbedingt das Wochenende, wenn das zahlreiche bunte Publikum für Farbtupfer in der ansonsten orange gestrichenen Discothek sorgt.

NÜRNBERG
Mach 1

(siehe Seite 86)

Keine Erfahrung mit Bus und Bahn?

Macht nichts. ab S. 147 wird das System des VGN genau erklärt.

DISCOTHEKEN

Abtanzen was das Zeug hält - im Mach 1 zu heißen Dancefloor-Hits.

NÜRNBERG
Das Boot

Hafenstraße 500, Tel.: 0911/631406
Ab Nbg Hbf U 1/11 -> Langwasser Süd bis Frankenstraße, von dort Bus 67 -> Fürth Hbf
H: Rotterdamer Straße
Fahrzeit: ca. 7 Min.
Ö: So-Do 21-4 Uhr, Fr-Sa 21-8 Uhr
E: So-Di u. Do 5,- DM (davon 1,- DM Gutschein), Fr u- Sa 8,- (2,-) DM

Seit sieben Jahren ist ein ehemaliger Ausflugsdampfer in Nürnberg der Publikumsmagnet für alle Nachtschwärmer. An fast jedem der sieben Tage - der absolute Insider-Tip ist allerdings der Dienstag - lohnt sich ein Andocken an dem mit Sonnendeck, Bar-Kneipe, Kombüse, Kiosk und Tanzfläche atmosphärisch reizvollen Tanzerkreuzer. Durch die Kanaleröffnung stehen die sieben Weltmeere offen, und seit kurzem schwimmen mittwochs viele Musiker aus Übersee heran.

NÜRNBERG
Domicil

Rathsbergstraße 72, Tel.: 0911/5216348
Ab Nbg Hbf Stb 3 bis Ziegelstein, von dort Bus 41 -> Buchenbühl
H: Schwendengarten
Fahrzeit: ca. 18 Min.
Ö: Mi-Do u. So 20-2 Uhr, Fr 20-3 Uhr, Sa 20-4 Uhr
E: Do-Sa 5,- DM (davon 2,- DM Gutschein)

Mit Beständigkeit bietet das in der Nähe des Flughafens gelegene Domicil pure wie perfekte Unterhaltung à la Discofox und „Glücksrad". Die sehr gute Musikanlage, ein gekonnt agierender DJ und zahlreiche adrett frisierte Mädels tragen zu einem unbeschwerten, lustigen Abend im Flachbau-Tanztempel bei. Natürlich lohnt sich der stark frequentierte Samstag, wenn alle Gäste ausschlafen können. Es sei denn, man mag die mit hochwertigen Preisen dotierten Animierspiele unter der Woche.

SZENE-LOKALE

Was Rang und Namen, Hunger und Durst hat, ist im Café Sebald gut aufgehoben.

Es ist amtlich: Mit über 1.900 gastronomischen Betrieben rangiert Nürnberg bei der Kneipendichte ganz oben. Und die umliegenden Städte haben auch einiges zu bieten. Klar, daß sich gerade die In-Läden einen heißen Kampf um des Trinkers Gunst liefern. Bei den nachfolgenden Tips ist der Kunde König und der anspruchsvolle Gast Kaiser.

Erlangen ist die fahrradfreundlichste Stadt Deutschlands, und wer seinen Drahtesel vor dem Brazil parkt, könnte meinen, bei einer bewirtschafteten Fahrradwerkstatt gelandet zu sein. Die Café-Kneipe ist fest in alternativer Hand, und am liebsten lamentieren die früheren Anti-AKW-Aktivisten bei Chianti und Quiche Lorraine. Das Brazil ist wie sein Espresso: klein und stark.

ERLANGEN
Brazil

Bismarckstraße 25, Tel.: 09131/23455
Ab Erlangen Bf Bus 288 -> Waldkrankenhaus
H: Lorlebergplatz
Fahrzeit: ca. 4 Min.
Ö: Mo, Mi u. Do 8.30-1 Uhr, Sa u. So 10-1 Uhr, Di 8.30-20 Uhr; kleine Küche immer geöffnet

ERLANGEN
Café Schiffstraße

Schiffstraße 12, Tel.: 09131/205868
Ab Erlangen Bf Bus 286/287
-> Büchenbach
H: Altstadtmarkt
Fahrzeit: ca. 4 Min.
Ö: Mo-Fr 9-20 Uhr, So 10-20 Uhr, Frühstücksbuffet bis 12 Uhr (Sa u. So bis 13 Uhr)

SZENE-LOKALE

JUNGE SZENE

Das geschmackvoll durcharrangierte und überschaubar kleine Tagescafé ist eine stille Oase für ein paar Stunden abseits des täglichen Trubels. Die beiden selbstbewußten Inhaberinnen betreiben einen traumhaften in lila und grau gehaltenen Ort, gut für ein knackiges Frühstück, zur Lektüre der reichen Zeitschriftenauswahl oder auch für eine erfrischende Pause zwischendurch.

FÜRTH
Simons Bistro Galerie

Gustavstraße 12, Tel.: 0911-776166
Ab Fürth Hbf Bus 171/173/175-179 -> Vach, Hardhöhe od. Ronhof
H: Grüner Markt
Fahrzeit: ca. 6 Min.
Ö: Mo-So 19-1 Uhr, kleine Küche immer geöffnet

Kein anderes Lokal im Großraum trägt den Namen „Bistro" mit der gleichen Berechtigung wie Dieter Simons patinareiche bewirtschaftete Galerie. Wechselnde Ausstellungen und ein bewährtes Angebot an Speisen und Getränken (man koste den vorzüglichen Espresso!) sorgen dafür, daß sich hier tagtäglich ein redefreudiges Stammpublikum versammelt. Der kauzige Patron weiß die Stimmung mit Swing-Musik und dem Geruch würziger Pesto-Spaghetti zu verfeinern.

FÜRTH
Molly Malones

Mühlstraße 2, Tel.: 0911/7499111
Ab Hbf Bus 171/173/175-179 -> Vach, Hardhöhe od. Ronhof
H: Rathaus
Fahrzeit: ca. 5 Min.
Ö: Mo-Fr 16-1 Uhr, Sa u. So 11-1 Uhr, Live-Musik immer Di-Do, kleine Küche immer geöffnet

Woran erkennt man, ob eine irische Kneipe authentisch ist? Im Molly Malones jedenfalls ist der Tresen mit seinem Guinness- und Kilkenny-Freudenspender fest in der Hand der irischen Landsleute und damit ein feuchtfröhliches Epizentrum. Im ersten Stock kommen Billard- und Snookerspieler auf ihre Kosten, die – wenn live irische Weisen angestimmt werden – einsam eine ruhige Kugel schieben.

FÜRTH
The Rock

Kaiserstraße 117, Tel.: 0911/707436
Ab Fürth Hbf Bus 176 -> Jakobinenstraße
H: Stresemannplatz
Fahrzeit: 13 Min.
Ö: Mo-Do 18-1 Uhr, Fr u. Sa 18-3 Uhr, So 10-1 Uhr, kleine Küche bis 0.30 bzw. 2.30 Uhr

Im The Rock ist alles gut, aber der Besitzer „Cowboy" Sutter ist das Beste. Mit einer unvergleichlichen Hingabe werkelt er in seiner „englischen Versuchsküche" oder reiht Raritäten aus der Rock-Geschichte auf seinem Plattenteller aneinander. Die unkomplizierte Kneipe ist mit Erinnerungsstücken aus Sutters Zeit als Konzert-Roadie reich ausstaffiert und eine angenehme Oase im Fürther Nachtleben.

NÜRNBERG
Café Sebald

Weinmarkt 14, Tel.: 0911/225225
Ab Nbg Hbf U 2 bis Rathenauplatz, von dort Bus 36 -> Plärrer
H: Hauptmarkt
Fahrzeit: ca. 10 Min.
Ö: Mo-Sa 10-1 Uhr, So 14-1 Uhr; Küche bis 24 Uhr

Das wahrscheinlich schönste Schick-Café bezieht seine Anziehungskraft nicht allein durch die hohe Quote an schönen Frauen und schwerreichen Immobilienartisten unter den anspruchsvollen Gästen. Vielmehr ist die gebotene Qualität der Speisen, Cocktails und Weine immer verläßlich hoch, und auch die klassisch-kühle Einrichtung ist hinreißend schön. Sporadisch finden sonntags Jazz-Konzerte statt, und das kleine Restaurant-Abteil stiehlt mit seiner kreativen Küche so manchem sternedekorierten Etablissement die Schau.

SZENE-LOKALE

NÜRNBERG
Balazzo Brozzi

Hochstraße 2, Tel.: 0911/288482
Ab Hbf U 1/2/11 -> Jakobinenstraße bis Plärrer, von dort Stb 4/6 -> Thon
H: Obere Turnstraße
Fahrzeit: ca. 5 Min.
Ö: Di-So 9-21 Uhr, Mo 9-19 Uhr; 1. Mo im Monat geschl., Frühstück und Tagesgerichte

Das Frühstück im Balazzo Brozzi ist eine täglich zelebrierte Erinnerung an die Zeiten, als das im Kollektiv geführte Tagescafé noch zentraler Treffpunkt der linksautonomen Szene war. Heute rebellieren höchstens noch die antiautoritär erzogenen Kinder auf den zahlreichen Sofabänken gegen die Obrigkeit. Die moderne und helle Einrichtung, die hitparadenverdächtige Musikuntermalung und anspruchsvolle Kunstausstellungen sind die Zugeständnisse an den gewandelten Zeitgeschmack und machen das „Brozzi" zum echten Tip für Jedermann. Wie gesagt: Hier zu frühstücken ist ebenso Pflichtprogramm für jeden Nürnbergbesucher wie ein Blick vom Burgberg.

NÜRNBERG
Cpt. Ahab

Johannisstraße 28, Tel.: 0911/3788922
Ab Hbf U 1/2/11 -> Jakobinenstraße bis Plärrer, von dort Stb 4/6 -> Thon
H: Hallertor
Fahrzeit: ca. 8 Min.
Ö: Mo-So 11-1 Uhr, Küche 11.30-24 Uhr

Wuchtig wie ein Schiffsbug ragt der stählerne Tresen weit in die Szenekneipe Cpt. Ahab hinein, und die trink- und redefreudigen Gäste halten sich an ihm fest wie Kapitän Ahab bei

Ein Prost auf das schwarze Gold der grünen Insel: Guinness im O'Neill's.

SZENE-LOKALE

seinem Kampf gegen Moby Dick. Einen sehr guten Ruf hat sich die mit Tagesgerichten gespickte Speisekarte verdient, und auch der Espresso kann sich sehen lassen. Wahrscheinlich ist es aber hier immer so voll, weil man sich zur Zeit einfach in diesem angesagten Laden mit seinem angenehm schlichten Ambiente sehen lassen muß.

NÜRNBERG
Hydrant

Schoppershofstraße 53,
Tel.: 0911/559251

Ab Nbg Hbf Stb 3 -> Ziegelstein

H: Stadtpark

Fahrzeit: 8 Min.

Ö: Mo-Do, Sa u. So 18-1 Uhr,
Fr 11-1 Uhr

Sollte einmal eine Diskussion zu hitzig sein, einfach den Feuermelder einschlagen, und ein Hydrant setzt großzügig das Löschmittel Bier frei. Die Rockkneipe ist der beliebteste Großparkplatz für alle echten Biker und der beste Beweis dafür, daß Rocker angenehme und humorvolle Zeitgenossen sein können. Der Hydrant widersetzt sich allen Modeströmungen und ist jedem zu empfehlen, dem ein Jack Daniel's lieber als ein Clausthaler ist.

NÜRNBERG
K-Fee

Adam-Klein-Str. 67, Tel.: 0911/270416

Ab Nbg Hbf U 1 -> Fürth Hbf

H: Bärenschanze

Fahrzeit: ca. 7 Min.

Ö: Di-So 19.30-1 Uhr

Das K-Fee ist ein mythischer Kulturtempel und gleichzeitig das Wohnzimmer des mysteriösen Inhabers Peter Habermann. Ein Künstler als Wirt auf der Suche zu sich selbst, die nicht minder exotischen Gäste sind nur akzeptierte Weggefährten. Wenn starke Nerven und ein Hang zu inszenierter Subkultur vorhanden sind, dann ist das kleine und gewitzt eingerichtete K-Fee mit seiner in „Zahlungskraftstufen" unterteilten Getränkekarte ein Geheimt(r)ip.

NÜRNBERG
Meisengeige

Innere Laufer Gasse 37,
Tel.: 0911/208283

Ab Nbg Hbf U 2 bis Rathenauplatz,
von dort Bus 36 -> Plärrer

H: Innerer Laufer Platz

Fahrzeit: ca. 3 Min.

Ö: So-Do 10.30-1 Uhr, Fr u. Sa
10.30-2 Uhr

Die Meisengeige ist Nürnbergs Szenecafé Nr. 1, und nur Einheimische können dies verstehen. Dem Espresso hier sagt man zwar geheimnisvolle Kräfte nach, aber es liegt wohl vor allem an der liebevoll speckigen Einrichtung, daß schon Generationen von Lebenskünstlern dem Charme dieses Kleinods erlagen. Um dazuzugehören, muß man unbedingt gleich nach dem Eingang am Tresen Platz nehmen und die Sonnenbrille aufsetzen - schon wird man Zeuge unvergeßlicher Lebensbeichten. „Begrabt mein Herz an der Biegung des Tresens", hat ein Meisengeige-Literat unzerstörbar eingemeißelt - alle nicken und stoßen mit einem 103er darauf an. Man muß es einfach lieben...

NÜRNBERG
O'Neill's

Bärenschanzstraße 121,
Tel.: 0911/313796

Ab Nbg Hbf U 1 -> Fürth Hbf

H: Bärenschanze

Fahrzeit: ca. 7 Min.

Ö: Di-Sa 19.30-1 Uhr

Das lebensspendende Guinness, das sich zäh aus dem Zapfhahn windet, vereint im sehr persönlich und tadellos geführten O'Neill's die sonst so unterschiedlichen Gäste. Der Alternative prostet dem Versicherungsvertreter zu und spielt später dann eine Runde Darts mit dem Oberstudienrat. Im viktorianischen Stil eingerichtet, studiert der Gast vergnügt die zahlreichen Reklameplakate der Brauerei von Arth Guinness und vergißt dabei sehr leicht, daß er doch in Nürnberg und nicht auf der grünen Insel zuhause ist.

NÜRNBERG
Rosezky's

Ludwig-Feuerbach-Straße 85, Tel.: 0911/558475
Ab Nbg Hbf Stb 8 -> Erlenstegen
H: Tauroggenstraße
Fahrzeit: 9 Min.
Ö: Mo-Fr 17-1 Uhr, Sa 14-1 Uhr, So 19-1 Uhr; kleine Küche immer geöffnet

Irgendwie haben sich scheinbar alle Künstler Nürnbergs heimlich abgesprochen und das Rosezky's zu ihrer Stammkneipe auserkoren. Man könnte natürlich auch wegen der mit Schmankerln gespickten Weinkarte hierher kommen oder weil die Vorspeisenvitrine köstliche Antipasti bereithält. Oder ist doch das berühmt bittere Pils einer kleinen Brauerei, das hier frisch gezapft wird, der Publikumsmagnet? Egal, warum man hier von weit herströmt: Das Rosezky's ist einfach etwas anders und origineller als die meisten Szene-Kneipen.

NÜRNBERG
Trocadèro

Äußere Großweidenmühlstraße 14, Tel.: 0911/397695
Ab Nbg Hbf U 1 -> Fürth Hbf bis Gostenhof, von dort Bus 34 -> Friedrich-Ebert-Platz
H: Großweidenmühlstraße
Fahrzeit: 9 Min.
Ö: So-Do 19-1 Uhr, Fr-Sa 19-2 Uhr

Die Atmosphäre ist betont renovierungsbedürftig und sehr privat. Im Trocadèro scheinen sich alle zu kennen, und auch Neulinge werden sofort am langen Tresen in ein Gespräch über Gott oder die Welt verwickelt. Dazu reicht der sympathische Inhaber Robert den angeblich besten Espresso der Stadt, das angeblich beste Pils der Region und schließlich den am nettesten angewärmten spanischen Brandy ganz Bayerns. In dem schlauchförmigen Nachtcafé kann man auch heiße Dart-Turniere ausfechten und die hauseigene Mannschaft ist so treffsicher wie trinkfest. Ein liebenswertes Kneipenjuwel.

NÜRNBERG
Zeitungs-Café in der Stadtbibliothek

Gewerbemuseumsplatz 4, Tel.: 0911/224953
Ab Nbg Hbf Stb 3/8/9/13 -> Ziegelstein
H: Marientor
Fahrzeit: ca. 2 Min.
Ö: Mo-Di u. Do-Fr 11-23 Uhr, Mi 18-23 Uhr, Sa 9-12 u. 18. 23 Uhr (Küche immer geöffnet)

Ein gelernter Weinfachberater versucht seit Jahren mit Herz und Seele, das im Dornröschenschlaf schlummernde Zeitungs-Café der Stadtbibliothek wachzuküssen. Seit der gelungenen Renovierung sitzt es sich stilvoll inmitten von gut 100 Tages- und Wochenzeitungen. Der wunderbare Innenhofgarten des historischen Katharinenklosters ist im Sommer sowieso ein absolutes Muß. Neben Lesungen und einer ambitioniert sortierten Speisen- und Getränkekarte gefällt es sehr, daß Kinder unter 15 Jahren die meisten alkoholfreien Getränke für 1,- DM gluckern dürfen. Tagsüber kommt man auch ohne Bibliotheksausweis über den Haupteingang hinein, abends wird eine Tür im Hof der Peter-Vischer-Str. geöffnet.

NÜRNBERG
Lavazza

Karolinenstraße 45, Tel.: 0911/243326
Ab Nbg Hbf U 1 -> Fürth Hbf
H: Lorenzkirche
Fahrzeit: ca. 1 Min.
Ö: Mo-Mi 8.30-18.30 Uhr, Do 8.30-20.30 Uhr, Sa 8.30-14.30 u. 16 bzw. 18 Uhr

Man kann es fast nicht glauben, daß hinter dem perfekt gestylten Stehcafé mit den original italienischen Kaffeegetränken nebst ebensolchen Bedienungen eine deutsche Inhaberin steckt, denn authentischer geht es kaum. Für die Dauer eines schnellen Espressos und eines gut belegten Panino fällt es leicht, sich im kräftig roten Ambiente so zu fühlen, als ob man einen Abstecher nach Milano gemacht hätte (auch wegen der Preise).

SZENE-LOKALE

NÜRNBERG
Cantina

Uhlandstraße 9, Tel.: 0911/358260
Ab Nbg Hbf U 1 -> Fürth Hbf bis Plärrer, von dort Stb 4 -> Thon
H: Friedrich-Ebert-Platz
Fahrzeit: ca. 10 Min.
Ö: Mo-So 7.30-1 Uhr, tägl. morgens Frühstück, mittags deftige und abends thailändische Küche

Mit nur wenigen, dafür aber guten stilistischen Einfällen bietet die Cantina ausreichend Platz für die Selbstdarstellung. Rohe Holztische, ein langer Tresen und archaisch-folkloristische Lampen und Reliefs üben offenbar magische Anziehungskräfte aus. Während man zur Frühstücks- und Mittagszeit noch ein beschauliches Stündchen verbringen kann, muß man sich am turbulenten Abend einen Stehplatz erkämpfen, darf dann aber zur Belohnung Tequila tanken.

NÜRNBERG
Starclub

Maxtorgraben 33, Tel.: 0911/551682
Ab Hbf U2 -> Rathenauplatz (oder kurzer Fußweg)
H: Rathenauplatz
Fahrzeit: ca. 2 Min.
Ö: Mo-Fr 9.30-1 Uhr, Sa-So 14.30-1 Uhr

Diese Kneipe ist ein Wunder. Im Keller gelegen, nicht gerade hübsch oder hell, abends rauchgeschwängert - und trotzdem werden täglich die Sitzplätze knapp. Vielleicht ist es die große Biersortenauswahl? Oder das Spielzimmer mit den maximallauten Flippern? Wer weiß. Jedenfalls dient der Starclub den Gymnasiasten von nebenan tagsüber als Aufenthaltsraum für Freistunden. Abends entern dann die Twens mit Drehtabakbeutel das Bierotop. Sehr wunderbar.

Im Lavazza läuft die braune Bohne zu Höchstform auf. Buon divertimento!

SZENE-LOKALE

NÜRNBERG
Ruhestörung

Tetzelgasse 21, Tel.: 0911/221921

Ab Nbg Hbf U 1 -> Fürth Hbf bis Lorenzkirche, von dort Bus 46/47 -> Großreuth h.d.V.

H: Rathaus

Fahrzeit: ca. 3 Min.

Ö: Mo-Fr 7.30-1 Uhr, Sa-So 9.30-1 Uhr

SCHWABACH
Lichtspielhaus

Friedrichstraße 22, Tel.: 09122/16881

Ab Nbg Hbf U 2 bis Röthenbach, von dort Bus 60 -> Schwabach

H: Neutorstraße

Fahrzeit: ca. 35 Min.

Ö: So-Do 18-1 Uhr, Fr-Sa 18-2 Uhr, angeschlossene Kellerdisco „U4" Fr-Sa 21-2 Uhr

Als die Ruhestörung im Bermudadreieck der Nürnberger Gymnasien vor gut einem Jahrzehnt eröffnete, leerten sich einer Legende zufolge so bedrohlich die Klassenzimmer, daß der Kultusminister persönlich intervenierte. Unzählige durchfeierte Blau-Stunden später hat das morgens wie abends proppenvolle Café nichts von seiner Anziehungskraft verloren. Das gute Speisen- und Frühstücksangebot, der tolle Espresso und die kunterbunte Einrichtung tun ein übriges, daß hier auch schon so manche Lehrerkonferenz gefeiert wurde.

Ein kleines Kino und eine Café-Bar - eine bewährte Kombination, die im Lichtspielhaus besonders gelungen ist. Rechts und links nach dem hell erleuchteten gläsernen Eingang entfaltet sich eine gewitzt coole Einrichtung, zu der die Leute und die einfallsreiche Getränke- und Snackauswahl passen. Nach dem guten Kaffee lieber ein Fläschchen Tsingtao oder besser eine Caipirinha? Am Wochenende kann man alternativ in die angeschlossene Kellerdisco abtauchen.

Nürnbergs Schüler-Lehrertreff: Wer von Ruhestörung spricht, weiß was er sagt.

BIERGÄRTEN

Immer beliebter, immer voller, immer abwechslungsreicher: die Biergärten in Nürnberg und Umgebung. Hier ein paar kühle Tips für heiße Tage...

Erlangen

Brandenburger Adler

Essenbacherstraße 10
Bus 289 bis Haltestelle Essenbacher Brücke
Fast von Münchner Format, fällt an sonnigen Tagen halb Erlangen in den lauschigen Biergarten ein. Die ansonsten ordentliche Küche kommt abends stark unter Druck, darum rechtzeitig bestellen.

Fürth

Insel

Waagstr. 2
Bus 171, 173, 175 bis Haltestelle Rathaus
Die heimelig begrünte Dachterrasse ist so etwas wie das heimliche Fürther Stadtzeichen und zentraler Anlaufpunkt Fürths an heißen Tagen.

Nürnberg

Westend Diner

Brettergarten-/Westendstraße
Bus 38, 39 und 175 bis Haltestelle Hans-Böckler-Str.
Der kleine Vorgarten dieses amerikanischen Bar-Restaurants begeistert vor allem durch seinen Blick auf die lange Straße. Hier „cruisen" die Mitglieder des V8-Clubs mit ihren alten Straßenkreuzern, und „American Graffiti" Stimmung macht sich breit.

Boot

(siehe Seite 75)
Der Tanzerkreuzer fällt unter keine Sperrzeitverordnung, und so kann man auch an heißen Tagen auf dem sonnigen und mit einer Bar versehenen Oberdeck gelassen auf den Sonnenaufgang warten.

Central

Augustinerstraße 15
Bus 36 bis Hauptmarkt
Die Haltestelle sagt schon, wo es langgeht. Direkt am Hauptmarkt gelegen, kann man in diesem, manchmal auch gern von Omas frequentierten, Szene-Café frisch gezapftes Bier oder frisch gerührte Caipirinhas mit Blick auf die Sehenswürdigkeiten Nürnbergs genießen.

Steinplatte

(siehe Seite 71)
Im großen Cocktailgarten der Steinplatte erfreut sich der anspruchsvolle Gast an der großbürgerlichen Atmosphäre inmitten der Erlenstegener Villengegend. Sehr gute Küche.

Zeitungs-Café

(siehe Seite 80)
Der Nürnberger Dichter Hermann Kesten grüßt als Denkmal die belesenen Besucher. Ein wenig meint man im Paradies zu sitzen, da die Kulisse des historischen Katharinenklosters zu schön ist, um wahr zu sein.

Zollhauspark

Am Zollhaus 150
Ab Nbg Hbf U 1/11 bis Langwasser/Süd, von dort Bus 59 -> Frankenstr. H: Am Zollhaus
Jahrelang hat er im Dämmerschlaf gelegen, jetzt wurde der riesige Garten hinter der Zollhausgaststätte erfolgreich wiederbelebt. Auf der linken Hälfte mehr als angestrengter Cocktailgarten eingerichtet, erfreut rechterhand die selbstgeholte Maß am zünftigen Biertisch.

Hummelsteiner Park

Kleestraße 28
Stb 9 bis Wodanstraße
Die riesengroße „Hummel" ist in eine bewirtschaftete Terrasse und einen SB-Biergarten unterteilt. Da es bei schönem Wetter in dem mit viel Baumbestand angenehmen Biergarten richtig brummt, gerät die Versorgung mit Bier und Bratwürsten oft zum langwierigen Unterfangen. Eine „Vesper" darf man mitbringen!

THEATER SPEZIAL

Ein Blick in die Programmkalender offenbart etwas, das man den von heftigen Subventionskürzungen bedrohten Theatern eigentlich nicht zutraut: volles Programm. Auf meist hohem Niveau finden sich Inszenierungen, die sich schon längst nicht mehr „alternativ" nennen müssen, um für volle Häuser zu sorgen. Es muß ja nicht immer der Dauerbrenner „Schweig, Bub!" des Schauspielhauses (Kap. Bühnenzauber ab S. 67) sein.

ERLANGEN
E-Werk

Fuchsenwiese 1, Tel.: 09131/80050
Ab Erlangen Bf Bus 286/287 -> Büchenbach
H: Martin-Luther-Platz
Fahrzeit: ca. 5 Min.
E: ca. 10,- bis 15,- DM

Das Kulturzentrum Erlangens schlechthin bietet neben Live-Musik, Lesungen, Kino, Kneipe und Disco natürlich auch die Bretter, die die Welt bedeuten. Betont unkonventionell liegt das meist monatlich wechselnde Programm zwischen Kabarett und politisch bzw. feministisch motivierten Stücken.

ERLANGEN
Fifty-Fifty

Südl. Stadtmauerstraße 1, Tel.: 09131/24855
Ab Erlangen Bf Bus 30/285/286 -> Tennenlohe
H: Hauptpost
Fahrzeit: 2 Min.
Ö: Mo-Do 11-1 Uhr, Fr-Sa 11-2 Uhr, So 14-1 Uhr, Veranstaltungen meist Do-So
E: ca. 18,- bzw. ca. 16,- DM

Fifty-Fifty: Fünfzig Prozent Cafékneipe (im Erdgeschoß) und fünfzig Prozent Kleinkunstbühne (im ersten Stock). Der Stil der Einrichtung und das Programm im Theater sind gleichermaßen modern und geschmackvoll, bei letzterem liegt der Schwerpunkt auf Chansons, Lesungen - und vor allem Kabarett. Sehr nett.

FÜRTH
Café Fürst

Ludwig-Erhard-Straße 2, Tel.: 0911/772520
Ab Fürth Hbf Bus 171/173/175-179 -> Vach, Hardhöhe od. Ronhof
H: Rathaus
Fahrzeit: ca. 5 Min.
E: 12,- bis 15,- DM, ermäßigt 10,- bis 12,- DM

Gleich beim Rathaus um die Ecke treffen sich sowohl gestylte Selbstdarsteller als auch Jedermanns in der atmosphärischsten Kleinkunst-Kneipe weit und breit - dem Café Fürst. Schwer zu sagen, ob es seinen Zulauf dem jedem Zeitgeist trotzenden Stilbruch-Ambiente verdankt, dem gastronomischen Angebot von Getreidekaffee bis Gerstensaft oder den kulturellen Beilagen wie Jazzkonzerten und Kabarett. Jeden dritten Samstag im Monat wird das Improvisationsmobiliar zur Seite geschoben, um der „Tangobar" Platz zu schaffen. Bewegungsfreudige Laien und Zuschauer sind gleichermaßen willkommen, wenn die professionellen Paare von der „Tanzerei", einer Fürther Tanzschule, ihr Können demonstrieren.

NÜRNBERG
Theater im Altstadthof

Bergstraße 19, Kartenvorbestellungen unter Tel.: 0911/224327
Ab Nbg Hbf U 2 -> Röthenau bis Plärrer, von dort Stb 4 -> Thon
H: Tiergärtnertor
Fahrzeit: 7 Min.
E: 16,- bzw. 11,- DM

Unterhalb der Kaiserburg, wo Nürnberg sich traditionsreich präsentiert, findet sich inmitten

Café Fürst: Es gibt Kabarett, Tangoabende - oder einfach nur ein Bier.

verwinkelter Fachwerkarchitektur das Theater im Altstadthof. Im Gegensatz zu der historischen Kulisse bietet der Miniaturbühnen-Spielplan alles andere als Altertümliches. Welturaufführungen von aktuellen Stücken stehen ebenso wie Klassiker aus dem deutschen und internationalen Repertoire auf dem Kontrastprogramm.

NÜRNBERG
Gostner Hoftheater

Austraße 70, Kartenvorbestellung unter Tel.: 0911/266383
Ab Nbg Hbf U 1/11 -> Fürth Hbf
H: Bärenschanze
Fahrzeit: 7 Min.
E: ca. 20,- bzw. 15,- DM

Seit mehr als einem Jahrzehnt ergänzt Nürnbergs etablierteste freie Gruppe das theatralische Programm um mitunter unkonventionelle Alternativen. Hier schreckt man weder vor der respektlosen Neuaufbereitung von Klassikern zurück noch vor der Entdeckung bis dato unbekannter Kunstschaffender, -werke und -räume. Im Gostner bekommen junge Gastregisseure eine Chance und außerhalb desselben werden zum Beispiel Straßenbahnen und Imbißstuben zum Spiel-Platz umfunktioniert. Die zu „Theatertagen" erklärten Montage locken mit verbilligten Eintrittspreisen.

NÜRNBERG
Tafelhalle

Äußere Sulzbacher Straße 60, Kartenvorbestellungen unter Tel.: 0911/5988730
Ab Nbg Hbf Stb 8 -> Erlenstegen
H: Tafelwerk
Fahrzeit: 10 Min.
E: ca. 20,- bzw. 15,- DM

Neben dem Zentrum Industriekultur hat in einem ehemaligen Fabrikgebäude die Tafelhalle Quartier bezogen. Hier geht auf zwei Etagen ein breites Veranstaltungsspektrum von Kabarett über Konzerte bis zur Kulturpreisverleihung über die Bühne. Die multifunktionale Einrichtung dient lokalen wie auswärtigen Künstlern als Präsentationsforum, wobei etwa die „Pocket Opera Company Nürnberg" zu den Stammspielern zählt.
Ein Höhepunkt ist übrigens das Internationale Figurentheater-Festival im Juni.

LIVE-SPEKTAKEL

Neben Lebkuchen hat Franken einen weiteren Exportschlager: Bands. Die lokale Musik-Szene lebt und bebt und präsentiert sich so vielschichtig wie sonst nur in weit größeren Metropolen. Für jeden Geschmack ist etwas dabei, folgen Sie nur unserem Wegweiser durch die verschiedenen Gehörgänge...

NÜRNBERG
KOMM

Königstraße 93, Tel.: 0911/223647
Ab Nbg Hbf ca. 2 Min. Fußweg
Ö: Außer in den Schulferien Mi-Sa 13-1 Uhr
E: ca. 15,- bis 25,- DM bei Konzerten; Vorverkauf im KOMM-Café

Das autonom verwaltete KOMMunikationszentrum hat eine mehr oder weniger engagierte Kneipe, Café, Disco, Milchbar und vieles mehr zu bieten. Der große Festsaal und der schöne Kultur(Bier-)garten werden oft mehrmals in der Woche vom „Musikverein" für seine unterschiedlichen und sehr preiswerten Konzerte genutzt. Bundesweite Beachtung wird dem mit Newcomer-Bands gewürzten „Endzeitfestival" Anfang Oktober zuteil.

NÜRNBERG
Kunstverein

Hintere Cramergasse 12, kein Telefon
Ab Nbg Hbf Bus 43/44 -> Heinemannbrücke bzw. Aug.-Meier-Heim
H: Cramergasse
Fahrzeit: ca. 5 Min.
Ö: Mi, Fr u. Sa ca. 19-1 Uhr
E: Ca. 10,- bis 20,- bei Konzerten; kein Vorverkauf

Hartnäckig hält sich ein von Lebens-Künstlern geführtes Kneipen-Biotop, das Aufsehen erregte, als sein Oberbürgermeisterkandidat „Kurti" ein respektables Ergebnis erzielte. Dementsprechend locker und lustig sind auch die meist am Wochenende angebotenen Konzerte: Internationale Undergroundbands. Lange Jahre waren übrigens die „Phantastischen 4" die Hausband des in jeder Hinsicht unkonventionellen Kunstvereins.

NÜRNBERG
Mach 1

Kaiserstraße 1-9, Tel.: 0911/203030
Ab Nbg Hbf U 1 -> Fürth Hbf
H: Lorenzkirche
Fahrzeit: 1 Min.
Ö: Mi-Sa 21.30 - 4 Uhr, Konzerte immer Fr
E: ca. 20,- bis 32,- DM; Vorverkauf tagsüber unter Tel.: 0911/226451

Eigentlich wäre das Mach 1 unter der Rubrik „Disco" sehr gut aufgehoben, aber die in der Regel erstklassigen Konzerte jeden Freitag machen die Trenddiscothek zur ersten Adresse in Sachen anspruchsvoller Live-Musik. Ob avantgardistischer Jazz, Pop- und Rock-Revivals oder erstklassiger HipHop: das Mach 1 ist so vielschichtig wie seine exzellente Einrichtung. Die besten Disco-Tage sind übrigens Mittwoch (Groove & Blue Note Jazz) und der Samstag mit seinen höllisch heißen Dancefloor-Abräumern.

NÜRNBERG
Resi

Klingenhofstraße 52, Tel.: 0911/562807
Ab Nbg Hbf Stb 3 -> Ziegelstein
H: Bessemerstraße
Fahrzeit: 12 Min.
Ö: Fr-Sa 21.30-4 Uhr, Konzerte meist wochentags
E: ca. 25,- bis 40,- DM; Vorverkauf beim jeweiligen örtlichen Veranstalter

Nürnberg hat zahlreiche kleine Konzerthallen und die große Frankenhalle. Die Lücke bis 2000 Gäste schließt die ehemalige Margarinefabrik Resi, die am Wochenende als Discothek vor sich hindümpelt. Ein Highlight waren beispielsweise

John Lurie and the Lounge Lizards; alle zwei Monate finden die gut besuchten Power-Partys eines regionalen Radiosenders statt. Wer mag, kann auch die dann und wann inszenierten „Mann-o-Mann" Veranstaltungen besuchen, die nach dem Vorbild von „SAT 1" einen latenten Frauenüberschuß hervorrufen.

NÜRNBERG
Rockhaus Luise

Luisenstraße 8-10, Tel.: 0911/471014
Ab Nbg Hbf U 1 -> Langwasser bis Aufseßplatz, von dort Stb 4 -> Dutzendteich
H: Scharrerstraße
Fahrzeit: ca. 8 Min.
Ö: Do 19-24 Uhr, Fr-Sa 19-1 Uhr und zu Konzerten
E: ca. 10,- bis 12,- DM

Die seit 1981 beschallte Baracke hat sich zum Treffpunkt für Freunde rockorientierter Musik entwickelt. Außer im Sommer finden hier jedes Wochenende Konzerte statt. Nach dem geplanten Neubau an gleicher Stelle wird die Luise auch noch zum Musikertreffpunkt ausgebaut.

Der Kreisjugendring als Träger sorgt für zivile Preise.

NÜRNBERG
Jazz-Studio

Paniersplatz 27/29, Tel.: 0911-223284
Ab Nbg Hbf U1/11 -> Jakobinenstraße bis Lorenzkirche, von dort (ab Heilig-Geist-Spital) Bus 46/47 -> Großreuth h.d.V.
H: Maxtor
Fahrzeit: ca. 4 Min.
Ö: Fr-Sa 20-1 Uhr
E: 9,- bis 20,- DM, ermäßigt 6,- bis -10,- DM

Das Jazz-Studio, ein Kellergewölbe, tief in den Nürnberger Sandstein gehauen, bietet jeden Freitag und Samstag eine urig-echte Auftrittsmöglichkeit für die Freunde der blauen Note. Neben lokalen Größen bekommt man hier auch Gastspiele namhafter Gruppen zu sehen - die manchmal nach einem Konzert in der Meistersingerhalle ganz spontan zum Jammen vorbeikommen. Was wäre Jazz ohne Getränke? - Die Bar im Nebengewölbe sichert die Versorgung.

Wie hier bei den „Manitou Springs" brodelt im KOMM regelmäßig der Festsaal.

FESTE
TRADITION UND BRAUCHTUM

Die Franken und ihre Feste - eine unendliche Geschichte von Gemütlichkeit und guter Laune. Obwohl der Platz knapp ist, nennen wir neben den bekannten Pflichtterminen auch einige Überraschungen, die Sie getrost ausprobieren können. Fast 100 Brauchtumsveranstaltungen sind im Kalendarium des Fremdenverkehrsverbandes Franken von Januar bis Dezember aufgelistet. Festlich und bunt oder derb und ländlich, mehr oder weniger traditionell ist unsere folgende Auswahl. Und natürlich, wie es sich für dieses Büchlein gehört, sind alle Feste bequem mit dem VGN zu erreichen. Denn wer zählt schon gerne Bierkrüge und Weinseidla...

Das Spalter Faschingstreiben ist berühmt-berüchtigt: In der Hopfenstadt wird die Fasenacht nach altem Brauchtum - alemannische Bräuche und Winteraustreibungs-Zeremonien - gefeiert. Dazu gehören die „Fleckli" (Kostüme aus Sackleinen und aufgenähten Stoffresten). Vom „Unsinnigen Donnerstag" (Weiberfastnacht) bis zum Faschingsdienstag reichen die Aktivitäten der Narren. Einige der Spalter „Flecklasmänner" sind allerdings zur Weiberfastnacht kaum zu bändigen: Bewaffnet mit Peitschen und Pritschen und geschützt durch ihre Maskerade ziehen sie durch den Ort und verbreiten neuerdings nicht nur Freude unter den Narren und Unbeteiligten. Am besten ist man deshalb während der Abendstunden in den Gastwirtschaften aufgehoben, es sei denn, Sie sind ein guter Sprinter.....

Februar

ALLERSBERG
Faschingszug

Infos unter Tel.: 09176/262
Ab Burgthann Bf Bus 503 (nur wenige Fahrmöglichkeiten)
Fahrzeit: ca. 25 Min.
H: Allersberg Bf

Der Allersberger Faschingszug - Pflichttermin der mittelfränkischen Narren am Faschingssonntag - ist aus dem Allersberger Hexenlaufen hervorgegangen, das seine Ursprünge Ende des 18. Jahrhunderts hat. Der beliebte Umzug feierte 1993 ein Vierteljahrhundert-Jubiläum ununterbrochener Durchführung. Attraktive Wagen, rund 100 Gruppen, bis zu 17 Musikkapellen und manchmal an die 40.000 Zuschauer nennt die närrische Statistik des örtlichen Faschingsvereins.

SPALT
Faschingstreiben

Infos unter Tel.: 09175/601
Ab Georgensgmünd Bf Bus 606
Fahrzeit: ca. 20 Min.
H: Spalt Bf

April

HARTENSTEIN
Osterfeuer

Infos unter Tel.: 09152/1292
Ab Nbg Hbf R 3
Fahrzeit: 53 Min.
H: Velden Bf, von dort ca. 50 Min. Fußweg

Am Karsamstag wird in Hartenstein hinter der Pfarrkirche ein großes Feuer gemacht. Dabei wird ein Holzstoß angezündet, „um böse Geister zu vertreiben", erinnert sich der 86jährige Alfred Weber aus Hartenstein an die ursprünglich Bedeutung des Brauchs. Um Unheil vom Dorf abzuhalten, werden die verkohlten Holzreste in Wintergetreide-Äcker gesteckt.

HEILIGENSTADT
Osterbrunnen/Ostersingen

Infos unter Tel.: 09198/721
Ab Forchheim Bf Mo-Fr R 22 bis Ebermannstadt Bf, weiter mit Bus 222. Sa u. So ab Forchheim Bf Bus 221
Fahrzeit: 44 bzw. 50 Min.
H: Heiligenstadt Raiffeisenstraße

FESTE

Weiberfastnacht sind die bunten Flecklasmänner in Spalt nicht zu bremsen.

In den einzelnen Ortsteilen der Marktgemeinde Heiligenstadt gibt es immer zur Osterzeit ein rundes Dutzend prächtig geschmückter Osterbrunnen (siehe auch Kap. Brunnen ab S. 50). Und die werden nicht nur bestaunt, sondern manchmal sogar besungen: In Heiligenstadt zum Beispiel findet vor dem Prachtstück am Ostersonntag und am Ostermontag jeweils um 14 Uhr ein Ostersingen statt. Infos darüber unter Tel. 09198/721.

NÜRNBERG
Volksfest (Frühling)

Volksfestplatz am Dutzendteich, Infos unter Tel.: 0911/468600

Linien: S 2 u. Stb 4, Bus 65, Stb 9

H: Dutzendteich bzw. Volksfestplatz bzw. Luitpoldhain

Deutschlands größtes Frühlingsfest beginnt immer am Karsamstag und dauert 16 Tage. Eine gute Gelegenheit, bei einem Spaziergang am idyllischen Dutzendteich den Frühling mit einer Maß Bier einzuläuten. Hier findet im August auch das große Herbstvolksfest statt.

Mai

ERLANGEN
Bergkirchweih

Am Burgberg, Infos Tel.: 09131/25075
Ab Erlangen Hugenottenplatz Bus 289 und Sonderbusse
Fahrzeit: 6 Min.
H: Essenbacher Brücke

Die Bergkirchweih ist eines der schönsten Volksfeste in Franken. „Auf den Bierkellern" am Burgberg wird seit 1755 unter schattigen Bäumen gefeiert. Das Fest beginnt am Donnerstag vor Pfingsten und dauert zwölf Tage.

Juli

FORCHHEIM
Annafest

Im Kellerwald (östlich der Bahnlinie), Infos unter Tel.: 09191/84338
Ab Nbg Hbf R 2
Fahrzeit: 28 Min.
H: Forchheim Bf, dann ca. 30 Min. Fußweg

Das schönste aller Forchheimer Feste ist das Annafest, und eines der originellsten in Franken obendrein. Die Annaverehrung hat in der Stadt eine über 500jährige Tradition. Zu Ehren der hl. Anna gibt es jedes Jahr im Juli eine festliche 10-Tages-Veranstaltung, die am Rathaus beginnt und dann im Kellerwald fortgesetzt wird. Die Keller sind zum Teil riesige Gewölbe im Natursandstein unweit der Stadt, in denen die Forchheimer Brauereien den edlen Gerstensaft frisch hielten. Das gemütliche Beisammensein unter schattigen Eichen und Buchen beginnt jedes Jahr um den 26. Juli.

LAUF
Kunigundenfest
(„Kunalaskärwa")

Infos unter Tel.: 09123/184113
Ab Nbg Hbf R 3
Fahrzeit: 21 Min.
H: Lauf (re Pegn) Bf, dann ca. 30 Min. Fußweg

Das Kunigundenfest kann auf eine lange Tradition zurückblicken. Die Anfang des 16. Jahrhunderts auf einem Berg nördlich der Altstadt geweihte Kunigunden-Kapelle wurde am Kirchweihtag unter dem Schutz von „Rußigen" (= wehrhafte Hammerwerker) auch von Schulkindern besucht. Erst 1807 wurde die Kirchweih als Freudenfest gefeiert und von da an zu einem Schul- und Heimatfest erweitert. Zwar gab es Unterbrechungen - bedingt durch Verbote oder Notzeiten - aber die Tradition wurde immer wieder aufgenommen. Unter der Leitung des Schulrektors führten die Kinder nach dem Festzug auf dem Kunigundenberg zusammen mit dem Stadtmusikus und seiner Mannschaft ihre Spiele auf. 1894 wurden erstmals Festwagen der örtlichen Handwerksbetriebe mitgeführt, um den Kindern den langen Marsch zu erleichtern. Seit 1932 reitet ein als Kaiserin gekleidetes Schulmädchen im Festzug mit, der an jedem 1. Samstag im Juli Bürger und Gäste der Stadt begeistert.

PRETZFELD
Fränkisches Kirschenfest

Infos unter Tel.: 09194/4469
Ab Forchheim Bf R 22 oder Bus 221
Fahrzeit: 20 bzw. 25 Min.
H: Pretzfeld Bf bzw. Pretzfeld Kirche

Pretzfeld liegt inmitten des größten Kirschenanbaugebietes der Bundesrepublik, deshalb fand hier 1968 das erste Fränkische Kirschenfest statt. Bei der beliebten Veranstaltung auf den Pretzfelder Kellern wird unter freiem Himmel oder im Zelt getanzt, und zur „Halbzeit" des sechstägigen Festes (etwa Mitte Juli) gibt es immer einen großen Trachtenumzug durch die Ortschaft.

SCHWABACH
Bürgerfest

Rund um den Marktplatz, Infos unter Tel.: 09122/860305
Linien: Bus 60/61 und alle Linien des Stadtverkehrs Schwabach
H: Stadtmitte bzw. Schillerplatz

Altstadtfeste sind nicht selten ein unkoordiniertes Sammelsurium von Vereinsaktivitäten mit dem Ziel der Kassenaufbesserung. Das Schwabacher Bürgerfest macht hier eine riesengroße Ausnahme, denn von Anfang an gab es eine klare Programmstruktur, die auch heute noch jedes Fest bestimmt. Das vielseitige Programm schließt heitere Geselligkeit und interessante kulturelle Angebote gleichermaßen ein. Immer am Wochenende vor Beginn der bayerischen Sommerferien wird dieses Fest auf einem der schönsten Marktplätze in Mittelfranken inszeniert.

August

HILPOLTSTEIN
Burgfest

Marktplatz, Infos unter Tel.: 09174/511
Ab Roth Bf Bus 611
Fahrzeit: 20 Min.
H: Hilpoltstein Bf

Jedes Jahr am ersten Sonntag im August findet um 13.30 Uhr auf dem Marktplatz das historische Festspiel „Einzug der Pfalzgräfin Dorothea-Maria im Jahre 1606" statt. Die „Pfalzgräfin" wird jedes Jahr von den Hilpoltsteinern gewählt und zieht hoch zu Roß zusammen mit ihrem Gefolge in ihre Stadt ein. An diesem Wochenende stehen auch Freilichtaufführungen der Hilpoltsteiner Burgspieler auf dem Programm, auf dem Festplatz steht ein Bierzelt und am Samstag findet ein Trödelmarkt statt.

Jedes Jahr beim Burgfest zieht Pfalzgräfin Dorothea-Maria in Hilpoltstein ein.

Kirchweih oder Altstadtfest: Für den Spaß der Kleinen ist bestens gesorgt.

NEUMARKT
Juravolksfest

Festplatz, Infos unter Tel.: 09181/90481
Ab Nbg Hbf R 5
Fahrzeit: 22 Min.
H: Neumarkt (Oberpf.) Bf

Obwohl das Frühlingsfest (jeweils Ende Mai) und das Altstadtfest (alljährlich im Juli) nicht von Pappe sind, findet für die Neumarkter und ihre Freunde das Fest der Feste immer Mitte August statt. Das elftägige Juravolksfest ist der Höhepunkt im Jahreslauf von Neumarkt, und wer nicht hingeht, hat keine Ahnung vom Innenleben der Stadt. Das Geschehen rund um den Rummel gibt so viel her, daß der gespitzte Bleistift der Lokalredakteure in der Festhalle immer neben dem Maßkrug liegt. Die Verbundenheit der Neumarkter mit ihrem Fest hat natürlich Gründe, die in der Tradition des Festes zu finden sind: So gehört seit eh und je ein Pferdemarkt mit sehenswerter Pferdeschau dazu, und beim Festzug am zweiten Sonntag im August ist die ganze Stadt auf den Beinen. Sogar einen neuen Volksfestplatz mit einer großen (3.500 Sitzplätze) und einer kleinen Halle (1.000 Sitzplätze) haben die Oberpfälzer gebaut, so daß neben der August-Veranstaltung dort mit großem Erfolg ein Stelldichein von Popstars stattfindet.

NÜRNBERG
Volksfest (Herbst)

Volksfestplatz am Dutzendteich, Infos unter Tel.: 0911/468600
Linien: S 2 u. Stb 4, Bus 65, Stb 9
H: Dutzendteich bzw. Volksfestplatz bzw. Luitpoldhain

Das Herbstvolksfest wird immer am letzten Freitag im August eröffnet. Es findet an gleicher Stelle wie das Frühlingsfest (Ostern) statt und ist schon ein „Oldie" im Veranstaltungsreigen der Stadt Nürnberg. Mit rund zwei Millionen Besuchern ist es auch eines der beliebtesten Ereignisse. Der Rummel am Dutzendteich geht zurück auf ein (Geburtstags-)Fest, das am 25. August 1826 zu Ehren von König Ludwig I. auf der Peterheide gefeiert wurde. Heute hat der riesige Vergnügungspark jedes Jahr aufsehenerregende Neuheiten und zwei große Bierzelte zu bieten. Höhepunkt des Rahmenprogramms ist der Festzug von der Gibitzenhofstraße zum Dutzendteich, der am zweiten Veranstaltungs-Sonntag (Start jeweils 10.30 Uhr) mit rund 100 Gruppen stattfindet.

NÜRNBERG
Eröffnung der Lebkuchensaison

An der Lorenzkirche, Infos unter Tel.: 0911/23360
Linien: U 1/11
H: Lorenzkirche

Unwissende schütteln vermutlich zunächst den Kopf, wenn mitten im Sommer (jeweils an einem Werktag Ende August) die Lebküchner die Eröffnung der Back-Saison zelebrieren. Nach dem farbenprächtigen Mittelalter-Spektakel beginnt dann die millionenfache Produktion dieser Nürnberger Spezialität. Doch zuvor fahren die alten Tandwagen mit Gewürzen, Mehl und Honig vor den kaiserlichen Thron vor die Lorenzkirche. Fürs Volk gibt's natürlich Lebkuchenproben. Der Kaiserthron und die Lebkuchenproben stehen in einem engen Zusammenhang mit der Geschichte der Stadt: Bereits 1487 verschenkte Kaiser Friedrich III. an 4.000 Kinder Lebkuchen mit seinem Bildnis. Bis um 1650 wurden in Nürnberg solche „Kayserlein" hergestellt.

September

HARTENSTEIN
Vogelsuppen-Essen

Infos unter Tel.: 09152/1292
Ab Nbg Hbf R 3
Fahrzeit: 53 Min.
H: Velden Bf, von dort ca. 50 Min. Fußweg

Ein weiterer Hartensteiner Brauch, der auch in der Laufer und Hersbrucker Gegend besteht, ist das „Vogelsuppen-Essen" kurz vor der „Hirtnstoiner Kirwa" (Hartensteiner Kirchweih, jeweils am 2. Sonntag im September). Bei den Wirten in der Umgebung gibt es dann eine Suppe, die aus den Innereien von Rindern zubereitet wird. Der Brauch geht auf den Vogelwirt in Hartenstein zurück, der diese besondere Suppe vor langer Zeit kreierte. Die Hirtensteiner Kirchweih ist natürlich ebenfalls ein sehenswertes Ereignis.

LANGENZENN
Altstadtfest

Z.B.: Stadtkirche, Klosterhof, Rathaus, Infos unter Tel.: 09101/703-0
Ab Fürth Bf R 12
Fahrzeit: 20 Min.
H: Langenzenn Bf

Immer am zweiten Samstag im September steigt in Langenzenn ein Altstadtfest, das weit über die Grenzen der 1000jährigen Stadt bekannt ist. Die Programmgestaltung des Festes übernehmen die 35 Vereine der Rangaustadt. Das Spektakel ist ein typisches Beispiel für die zahlreichen Altstadtfeste im Verbundraum des VGN.

NÜRNBERG
Altstadtfest

Hauptmarkt, Hans-Sachs-Platz und Insel Schütt. Infos unter Tel.: 0911/223502
Linien: U 2 bzw. Bus 36
H: Wöhrker Wiese bzw. Rathaus

Ab Mitte September herrscht in Nürnberg zwölf Tage Hochsaison für Festlasgänger. Für das Altstadtfest mit dem „Markt der Gastlichkeit" werden am Hans-Sachs-Platz und auf der Insel Schütt mehr als 40 fränkische Fachwerkhäuschen aufgebaut, die Nürnberger Gastronomen bewirtschaften. Und jeder Wirt bietet seine Spezialitäten an. Das Programm enthält Attraktionen wie das „Fischerstechen" oder die „Pengertz in Flammen", den spaßigen Talentwettbewerb „Wer ko, der derf" oder das heiße Seifenkistenrennen. Musik von Jazz über Pop bis zur Volksmusik ist ebenfalls unverzichtbarer Bestandteil bei Nürnbergs schönstem Fest.

Oktober

FÜRTH
Michaelis Kirchweih

Fürther Freiheit, Tel.: 0911/974-1292
Linien: R 1/2 oder U 1
H: Fürth Hbf

Auf der Fürther Freiheit, wo sonst der Wochenmarkt das Geschehen bestimmt, wird jedes Jahr ab der ersten Oktober-Woche ein Teil der berühmten Kirchweih abgehalten. Nicht nur die Fürther sagen „Kärwa" und meinen damit die schönste Kirchweih weit und breit. Mitten in der Stadt ist sie eine Mixtur von Händlern, Karussells und Wirtshausgeschehen - ein Bierzelt sucht man (bislang) vergebens. Höhepunkt des zwölftägigen Festes ist der farbenprächtige Erntedankzug mit rund 100.000 Menschen. Der Termin des traditionsreichen Festes, das aus der Weihe der Michaelis-Kirche gewachsen ist, läßt sich leicht merken: Immer am Sonntag nach dem Namenstag des Michael bricht in der Kleeblattstadt die hohe Zeit des Feierns an. Am zweiten Sonntag zieht dann der Zug der Festwagen, Musikkapellen, Trachtengruppen und Vereine durch die Innenstadt.

Dezember

SPALT
Stephansritt

Infos unter Tel.: 09175/601
Ab Georgensgmünd Bf Bus 606
Fahrzeit: ca. 20 Min.
H: Spalt Bf

Jedes Jahr am Stephanstag, das ist der 26. Dezember, dreht sich in Spalt und Umgebung alles um das Thema Pferde. Zu Ehren des Patrons der Pferde ist gegen 9.30 Uhr eine Schar von rund 150 Reitern den zwei Kilometer langen Weg von Spalt nach Wasserzell unterwegs. Nach dem dreimaligen Umreiten der dortigen Stephanskirche erfolgt die Segnung von Reitern und Rössern.

Die Ursprünge dieses Rittes gehen auf einen heidnischen Brauch zurück, zur Wintersonnenwende mit einem Pferderennen die bösen Geister zu bannen. Vom Christentum wurde der Brauch schließlich übernommen. Auch nach 450 Jahren findet das Ritual immer noch das ungeteilte Interesse von Pferdehaltern, Besuchern und Medien.

Die Fürther Kirchweih zählt zu den schönsten Festen in Franken.

AUF TOUR
Ohne Auto mobil.

Die neuen Wegweiser für Freizeitspaß mit Bus und Bahn

Jeder Band 164 Seiten - farbig, mit vielen Fotos

Bislang sind folgende Ausgaben erschienen:

Berlin, Potsdam und Umgebung — 5,- DM
(Berliner Verkehrsbetriebe BVG)
ISBN 3-926224-34-7

Hamburg und Umgebung — 5,- DM
(Hamburger Verkehrsverbund HVV)
ISBN 3-926224-33-9

Rhein-Ruhr — 6,- DM
(Verkehrsverbund Rhein-Ruhr VRR)
ISBN 3-926224-60-6

Rhein-Sieg — 6,- DM
(Verkehrsverbund Rhein-Sieg VRS)
ISBN 3-926224-61-4

Rhein-Main — 5,- DM
(Frankfurter Verkehrs- und Tarifverbund FVV)
ISBN 3-926224-32-0

Rhein-Neckar — 5,- DM
(Verkehrsverbund Rhein-Neckar VRN)
ISBN 3-926224-35-5

Nürnberg und Umgebung — 5,- DM
(Verkehrsverbund Großraum Nürnberg VGN)
ISBN 3-926224-36-3

ZEITGEIST VERLAG Düsseldorfer Str. 49, 40545 Düsseldorf
Tel. 0211/556255, Fax 0211/575167

BURGEN UND SCHLÖSSER

Die klassischen Ziele für den Sonntagsausflug im VGN-Gebiet! Die meisten Anlagen können Sie auch von innen besichtigen. Allerdings hat an einigen der Zahn der Zeit (und der Luftverschmutzung) schon heftig genagt. Lassen Sie auch deshalb das Auto zuhause und kutschieren Sie lieber mit Bus und Bahn zu „Ihrem" Schloß. Wir haben hier eine Auswahl der Burgen und Schlösser zusammengestellt, die man relativ problemlos mit öffentlichen Verkehrsmitteln erreichen kann. Was natürlich nicht heißt, daß Sie an der Haltestelle nur einmal umzufallen brauchen, um sich auf dem Canapée eines Markgrafen wiederzufinden. Manchmal ist mit der Entdeckung ein Spaziergang oder eine Radtour verbunden.

ABENBERG
Burg

Infos: Stadtverwaltung, Tel.: 09178/711
Ab Schwabach Bf Bus 607
Fahrzeit: 21 Min.
H: Abenberg Post
Ö: Führungen jederzeit nach Anmeldung, Tel.: 09178/71 oder Fax 09178/776
Eintritt frei

Auf der Spitze eines Höhenzuges gelegen grüßt die Silhouette der etwa 750 Jahre alten Anlage weit ins fränkische Land. Nach dem Aussterben

Das Markgrafenschloß aus dem 18. Jh. ist das imposanteste Gebäude Ansbachs.

der Grafen von Abenberg, eines bedeutenden Geschlechts der Stauferzeit, war die Burg im Besitz der Nürnberger Burggrafen, später Eigentum des Hochstifts Eichstätt. Im Süden ist der Burg ein terrassenförmiger Schloßgarten vorgelagert. Die Abenberger Burg wurde mehrfach in der deutschen Ritterdichtung (Parzival, Thannhäuser) erwähnt. Jeweils im Juli findet hier ein großes Burgfest statt. Die Attraktion dabei ist ein Burglauf mit Ziel auf dem Anger. Die Sanierungsarbeiten werden bis Mitte 1993 größtenteils abgeschlossen sein.

ANSBACH
Markgräfliche Residenz

Promenade 27, Tel.: 0981/3186
Ab Nbg Hbf R 7
Fahrzeit: ca. 45 Min.
H: Ansbach Bf
Ö: Sommer 9-12 u. 14 - 17 Uhr, Winter 10-12 u. 14-16 Uhr, Mo geschl.
E: Erw. 3,- DM, Kinder 2,- DM

Die Markgräfliche Residenz (heute zum Teil Sitz der Regierung von Mittelfranken) ist das markanteste Bauwerk Ansbachs. Die jetzige vierflügelige Anlage entstand zwischen 1694 und 1738 in drei Bauabschnitten: 1694 bis 1716 nach den Plänen von Gabriel de Gabrieli, 1719 bis 1730 unter Karl Friedrich von Zocha und 1731 bis 1738 wurde die Gesamtanlage von Leopoldo Retti abgerundet.

Schon 1397 bis 1409 gab es an der gleichen Stelle eine von Burggraf Friedrich VI. errichtete Wasserburg, die 1522 durch den Nürnberger Hans Beheim d.Ä. umgebaut wurde. 1587 bis 1601 erfolgte ein Neubau durch Gideon Bacher. Die Ausstattung der Wohngemächer sind außergewöhnliche Beispiele der Raumgestaltung des 18. Jahrhunderts. Ganz der Verherrlichung des Bauherrn und des markgräflichen Fürstentums ist das über die gesamte Decke des Festsaales reichende Fresko von Carlo Carlone (1735) gewidmet. Die Wohnräume des Markgrafen Karl Wilhelm Friedrich - besonders hervorzuheben sind das Audienzzimmer, das Schlafzimmer und das Marmorkabinett - sind ebenso sehenswert wie das Spiegelkabinett, das Jagdzimmer, das Gobelinzimmer und der gekachelte Saal im Wohnbereich der Markgräfin Friederike Luise.

ELLINGEN
Deutschordensschloß/Museum

Tel.: 09141/3327
Ab Nbg Hbf R 6
Fahrzeit: ca. 55 Min.
H: Ellingen Bf, dann 15 Min. Fußweg
Ö: April-Sept. Di-So (auch an Feiertagen) Führungen um 9,10,11,13,14,15 u. 16 Uhr. Okt.-März Führungen um 10,11,14 und 15 Uhr
E: Erw. 3,- DM, Kinder frei

Die weitläufige Dreiflügelanlage und die Schloßkirche wurden in der Zeit von 1718 bis 1725 erbaut. Sie stehen auf der ursprünglichen Wasserburg des 13. Jahrhunderts, deren Umfassungsmauern zum Teil noch erhalten sind. Das ehemalige Deutschordensschloß bietet mit dem bemerkenswerten Treppenhaus eine der frühesten Prunktreppen des fränkischen Barock. In den Obergeschossen sind reich ausgestattete Repräsentationsräume zu sehen: das Fürstenzimmer, der Festsaal, die Marschallzimmer und der Speisesaal. Die Schloßkirche war im Ursprung ein gotischer Bau um 1300. Sie wurde 1718 neu gewölbt, um 1750 neu eingerichtet und dem Schloßhof angeglichen.

ERLANGEN
Schloß und Orangerie

Am Schloßplatz, Tel.: 09131/850
Linien: Bus 286/287
H: Altstadtmarkt

Das Schloß - heute Universitätsverwaltung - wurde von 1700 bis 1904 nach Plänen von Antonio della Porta von Baumeister Gottfried von Gedeler erbaut. Von 1764-1814 war die Anlage Witwensitz der Markgräfin Sophie Karoline Marie, die in ihrem Testament das Areal samt Orangerie und Hofgarten der Universität vermachte. 1814 brannte das Schloß aus, wurde jedoch 1821-25 wiederhergestellt. Die Orangerie wurde bereits zusammen mit der Schloßanlage konzipiert, jedoch erst 1705-06 durch den Baumeister des Schlosses realisiert. Sehenswert ist der Wassersaal mit seiner bedeutenden Stuckausstattung.

Gleichzeitig mit dem Schloß entstand ein barocker Schloßgarten, der 1786 im Stil eines englischen Parks umgestaltet wurde. Im Schloßgarten sind ein Reiterdenkmal und der Hugenottenbrunnen erhalten. Das barocke Markgrafentheater (1715-18) und der Redoutensaal (1718-19) für die Feste des markgräflichen Hofes erbaut, sind weitere kulturelle und bauliche Highlights. Das ehemalige hochfürstliche Opern- und Comödienhaus wurde in den Jahren 1743 und 1744 von dem Architekten und Theatermaler Giovanni Paolo Gaspari völlig neu ausgestattet und ist heute das älteste noch bespielte Barocktheater Süddeutschlands. (Kapitel Bühnenzauber ab S. 67)

ERLANGEN
Schloß Atzelsberg

Gemeinde Marloffstein, Tel.: 09131/25844
Ab Erlangen Bf Bus 252
Fahrzeit: 10 Min.
H: Atzelsberg

Das ehemalige Schloß wurde bereits 1425 erwähnt, im Dreißigjährigen Krieg verwüstet und 1705 neu gebaut. Ein Wassergraben umgibt das dreigeschossige Barockschlößchen. Jeden Sonntag von 13-18 Uhr ist Kaffeenachmittag. Das Schloß wird häufig auch für Tagungen, Empfänge und Hochzeiten genutzt (Infos unter Tel.: 09131/25074).

FORCHHEIM
Pfalz

Ehemaliges Fürstbischöfliches Schloß, Kapellenstr. 16, Tel. 09191/84327
Ab Nbg Hbf R 2
Fahrzeit: ca. 30 Min.
H: Forchheim, von dort 10 Min. Fußweg
Ö: Mai-Okt. tägl. außer Mo 10-12.30 u. 14-16 Uhr
E: Erw. 2,- DM, Kinder frei

Die Ursprünge der Forchheimer Pfalz stammen aus sehr alter Zeit. Ein karolingischer Königshof, der im 9. Jahrhundert um eine Amtsburg erweitert wurde, gilt als Vorläufer der heutigen Anlage. Otto der Heilige errichtete an gleicher Stelle ein sogenanntes „steinernes Haus" und die dazugehörige Marienkapelle. Die sogenannte Kaiserpfalz wurde anstelle des Königshofes in der Zeit von 1353-83 erbaut. Erweiterungen gab es in den Jahren 1603-05. Die quadratische Anlage ist von einem Graben umgeben. Im Innern des dreigeschossigen ehemaligen Palastes können bedeutende Wandmalereien bewundert werden (siehe dazu auch Kapitel Museen ab S. 116).

FÜRTH
Schloß Burgfarrnbach

Schloßplatz 12, Tel.: 0911/752986
Ab Fürth Hbf R 1/12 oder Bus 172
Fahrzeit: 6 bzw. 22 Min.
H: Burgfarrnbach Bf bzw. Regelsbacher Straße
Ö: Nur im Rahmen von Führungen Mo-Do 10,11,14 u. 15 Uhr, So. 10,11 u. 12 Uhr, an Feiertagen geschl.
E: Erw. 1,- DM, Kinder 0,50 DM

Im Schloß der Grafen von Pückler-Limburg in Burgfarrnbach sind heute das Stadtarchiv, die Stadtbibliothek und das Stadtmuseum von Fürth untergebracht. Das dreigeschossige Hauptschloß wurde 1830-34 nach Plänen von Leonhard Schmidtner aus Nürnberg gebaut, das Rundbogentor (Einfahrt Würzburger Straße) ist aus der Zeit um 1720. Der Schloßpark ist im englischen Stil des 19. Jahrhunderts angelegt worden.

GÖSSWEINSTEIN
Burg

Ab Forchheim Bf R 22 bzw. Bus 221 bis Ebermannstadt Bf, von dort Bus 232
Fahrzeit: 49 bzw. 55 Min.
H: Gößweinstein Post
Ö: April-Okt. 10-18 Uhr
E: 2,40 DM/Pers.

BURGEN UND SCHLÖSSER

Einen tollen Fernblick über das Wiesenttal bietet die Gößweinsteiner Burg.

Auf steiler Höhe, 150 Meter über dem Wiesenttal, thront die Burg Gößweinstein aus dem 11. Jahrhundert. Während des Bauernkrieges 1525 niedergebrannt, wurde sie 1605 wiederhergestellt und 1890 mit gotischer Inneneinrichtung erneuert. Die Anlage ist in Privatbesitz, Teile davon können besichtigt werden. Von der Burg aus hat man eine beeindruckende Fernsicht über die Fränkische Schweiz, die Frankenalb bis ins Fichtelgebirge.

Das Jagdschloß wurde 1749 von Markgraf Carl Wilhelm Friedrich zu Brandenburg-Ansbach erbaut und dient seit 1985 als Haus des Gastes. Während der Sommermonate werden im Falkengarten Konzerte durchgeführt (Programm und Karten Tel.: 09831/50876).

HEILIGENSTADT
Burg Greifenstein

Schloßverwaltung Tel.: 09198/423
Ab Forchheim Bf Mo-Fr R 22 bis Ebermannstadt Bf, weiter mit Bus 221. Sa u. So Bus 221 ab Forchheim Bf
Fahrzeit: 44 bzw. 50 Min.
H: Heiligenstadt Raiffeisenstraße, dann ca. 40 Min. Spaziergang
Ö: Mai-Sept. tägl. 8.30-11.15 u. 14-17.15 Uhr
E: Erw. 4,50 DM, Kinder 2,- DM

GUNZENHAUSEN
Markgräfliches Jagdschloß

Haus des Gastes, Martin-Luther-Platz 4, Tel.: 09831/50876 u. 9795
Ab Nbg Hbf R 6 bis Pleinfeld, von dort R 62 oder Bus 621
Fahrzeit: 48 bzw. 63 Min.
H: Gunzenhausen Bf
Ö: Pfingstsamstag-Ende Sept. Mo-Fr 9-12 u. 14-18 Uhr, Sa 10-12 Uhr, während der übrigen Zeit Mo-Do 8-12 u. 13-16 Uhr, Fr 8-12.30 Uhr

Die Burg Greifenstein der Grafen Schenk von Stauffenberg zählt zu den besterhaltenen und imposantesten Burgen der Fränkischen Schweiz.

Die Anlage entstand im 12. Jahrhundert, wurde im Bauernkrieg zerstört, wiederaufgerichtet und 1690 von dem Bamberger Hofarchitekten Leonhard Dientzenhofer umgebaut. Teile der Burg können besichtigt werden: Die Burgkapelle, der 90 Meter tiefe Brunnen, der Ahnensaal, die Bibliothek sowie Waffen- und Geweihsammlungen. Der ziemlich weite Fußweg lohnt sich auf jeden Fall, zumal zur Burg eine 300jährige Lindenallee führt.

HEROLDSBERG
Vier Geuder-Schlösser

Kirchenweg 4, Tel.: 0911/56657-0
Ab Nbg Nordostbahnhof R 21. Oder ab Nbg Hbf ZOB Bus 212
Fahrzeit: 12 bzw. 24 Min.
H: Heroldsberg Bf bzw. Oberer Markt
Ö: (Weißes Schloß) Mo-Fr 7-12 Uhr, Do bis 17.30 Uhr. Die anderen Schlösser sind Privatbesitz.
Nur Außenbesichtigung

Die Nürnberger Patrizierfamilie Geuder erwarb Ende des 14. Jahrhunderts das Reichslehen Heroldsberg. In der Neuzeit gab es zwei Linien des Geschlechts: Die Nürnberger Linie und die Geuder-Rabensteiner (seit 1649). Die bedeutendsten Geuder waren Endres I. und sein Vetter Martin, ein Schwager von Willibald Pirckheimer. Durch ihn kam Albrecht Dürer nach Heroldsberg, der im Roten Schloß die berühmte Silberstiftzeichnung mit der Kirchenansicht und zweier anderer Geuder-Schlösser anfertigte.

Das Grüne Schloß (Kirchenweg 5), dessen zinnenbekränzte hohe Mauer einen Garten umschließt, wird als Stammschloß der Familie bezeichnet. Das Rote Schloß (Oberer Markt) wurde 1587 nach einem Brand neu errichtet, der Ziehbrunnen stammt aus dem Jahr 1572. Sehenswert: die terrassenförmige Gartenanlage. Das Gelbe Schloß (Hans-Sachs-Str. 2) liegt hinter dem evang. Pfarrhof. Es wurde zwischen 1580 und 1611 erbaut und 1680 umgestaltet. Das Weiße Schloß (Kirchenweg 4) wurde 1928 an die Gemeinde verkauft und dient heute als Rathaus. Nach einem Brand 1587 neu errichtet, wurde es 1702 wegen Bauschäden umgestaltet.

HERSBRUCK/ KIRCHENSITTENBACH
Burg Hohenstein

Die Anlage wird von der Familie Igel betreut, die unterhalb der Burg wohnt. Tel.: 09152/287
Ab Nbg Hbf R 3
Fahrzeit: 49 Min.
H: Rupprechtstegen Bf, dann Wanderung
Ö: Bei aufgezogener Flagge ist der Burgwart anzutreffen, ansonsten befindet sich der Schlüssel bei Familie Igel (im Winter geschl.)
E: Erw. 1,- DM, Kinder 0,50 DM

Die Burg Hohenstein ist mit 634 Metern der höchste Punkt der Frankenalb. Der älteste Teil der erstmals 1163 erwähnten Burg ist die romanische Kapelle. Von 1505 bis 1806 war die Anlage im Besitz der Stadt Nürnberg.

Trotz mehrfacher Zerstörung während dieser Zeit blieben der Palas mit möblierter Burgstube und das unterhalb gelegene Burgamtsgebäude erhalten. Bei schönem Wetter hat man von hier aus einen weiten Rundblick, der bis zum Fichtelgebirge reicht.

HERSBRUCK
Schloß

Schloßplatz
Ab Nbg Hbf R 3
Fahrzeit: 17 Min.
H: Hersbruck (re Pegn) Bf
Nur Außenbesichtigung

Die „Alte Veste" war der Vorgängerbau der Burg, die nach dem Abbruch des alten Gebäudes 1517 durch ein neues Schloß ersetzt wurde. Schon 1618-21 wurde die Anlage erweitert. Der 1900 abgerissene zweite Turm des Schlosses wurde 1971 wieder aufgebaut. Die ursprüngliche Raumaufteilung des Gebäudes ist weitgehend erhalten geblieben. Heute befindet sich im ehemaligen Hersbrucker Schloß das Amtsgericht.

BURGEN UND SCHLÖSSER

LAUF
Kaiserburg

Schloßstraße (Zugang von der Spitalstraße über Fußweg)
Ab Nbg Hbf R 3 oder S 1
Fahrzeit: 21 bzw. 23 Min.
H: Lauf Bf (re Pegnitz) bzw. Lauf Bf (li Pegnitz)
Ö: Führungen nur nach vorheriger Anmeldung beim Stadtarchiv, Tel.: 09123/184166
Eintritt frei

Bereits im frühen 12. Jahrhundert stand auf der Pegnitzinsel eine Burg der Reichsministerialen von Lauf. Die Wasserburg wurde um 1300 zerstört, die Ruine lag zunächst ungenutzt. Als Kaiser Karl IV. 1353 den Ort erworben und 1355 zur Stadt ernannt hatte, wurde 1360 mit einem Burgneubau, dem sog. Wenzelsschloß, begonnen. Der kreuzrippengewölbte „Wappensaal" mit 116 in Stein gehauenen und farbig bemalten Wappen ist eine kunstgeschichtliche Kostbarkeit in Franken. Es sind die Wappen der zum Hofstaat Karl IV. gehörenden Herren, darunter auch geistliche Würdenträger. Im 19. Jahrhundert - unter bayerischer Verwaltung - wurde der Kaisersaal demoliert und das Burgbild durch den Einbau eines Gefängnisses verschandelt. Erst in den 30er Jahren dieses Jahrhunderts wurde der historische Wert des Gebäudes erkannt. Das Wenzelsschloß hat übrigens nichts mit dem Sohn Karl IV. zu tun, sondern vielmehr mit dem hl. Wenzel, nach dem es benannt ist.

LICHTENAU
Festung

Heydeckstraße, Tel.: 09827/1235
Ab Ansbach Bf Bus 711
Fahrzeit: 16 Min.
H: Lichtenau Post
Ö: im Sommer tägl. 8-20 Uhr, im Winter 8-18 Uhr (nur Besichtigung des Innenhofes möglich), Führungen nach Vereinbarung, Tel.: 09827/1235
Eintritt frei

Die Kaiserburg in Lauf besitzt mit dem Wappensaal eine fränkische Kostbarkeit.

Die ältesten Teile der Burg Veldenstein in Neuhaus stammen aus dem 13. Jh.

NEUHAUS A.D. PEGNITZ
Burg Veldenstein

Burgstr. 12, Tel.: 09156/633	
Ab Nürnberg Hbf R 3	
Fahrzeit: 29 Min.	
H: Neuhaus Bf	
Ö: tägl. 9-18 Uhr	
E: Erw. 1,50 DM, Kinder 1,- DM	

Wer die Nürnberger Burg mit ihren Befestigungen kennt, wird beim Anblick der Festung Lichtenau - einer Kostbarkeit der Festungsarchitektur - sofort an die alte Noris erinnert, denn die Türme des Schloßbaues sehen dem Sinwellturm sehr ähnlich. Lichtenau war 1401-1806 in Nürnbergischem Besitz. Der Ort mit seiner trutzigen Festung galt als vorgeschobenes Bollwerk gegen die Markgrafen von Ansbach. Um die Trutzfeste der Reichsstadt Nürnberg gab es nicht nur Schikanen und Prozesse in Hülle und Fülle, sie wurde samt der Ortschaft in den beiden Markgrafenkriegen eingenommen, geschleift und besetzt gehalten. Nach den Zerstörungen 1449 und 1552 begann die Stadt Nürnberg mit dem Wiederaufbau (1558-1630) nach dem Muster italienisch-niederländischer Zitadellen. Im Jahre 1631 nahmen Tilly-Truppen die Festung. Im Reunionskrieg konnte Lichtenau gegen die Truppen Ludwig XIV. erfolgreich verteidigt werden.

Ein Besuch lohnt sich vor allem jeden ersten Samstag im Juli. Dann richtet die Gemeinde ein Burgfest aus. Es treten Volkstanzgruppen auf. Bei einem Tanzabend im Freien wird ausgelassen gefeiert.

Die ältesten Teile der 60 Meter über dem Pegnitzgrund aufragenden Burg sind aus dem 13. Jahrhundert. Im Städtekrieg 1388 wurde die Anlage mit ihren starken Wällen, Bastionen und Mauern zerstört. Nach dem Wiederaufbau überstand die Burg den Bauernkrieg und die beiden Markgrafenkriege. 1632 wurde sie zwar von den Schweden erobert, aber nicht geschleift. 1805 kam die Burg in den Besitz des bayerischen Staates, der sie verkaufte. Danach gab es mehrere Besitzerwechsel und Sanierungsarbeiten. 1898 kam Stabsarzt Ritter Dr. Hermann von Epenstein in den Besitz der Burg, dessen Patensohn Hermann Göring seine Jugendzeit auf Veldenstein verbrachte.

NÜRNBERG
Tucherschlößchen

Hirschelgasse 9, Tel.: 0911/2312271
Linie: Bus 36
H: Innerer Laufer Platz
Ö: Führungen Mo-Do 14, 15 u. 16 Uhr, Fr 9, 10 u. 11 Uhr; So 10 u. 11 Uhr, Sa geschl.
E: Erw. 1,50 DM, Kinder 0,60 DM

Das Tucherschlößchen, von 1533 bis 1544 errichtet, ist eines der schönsten Bürgerhäuser Nürnbergs. Das Innere des Hauses vermittelt mit seinen Möbeln, Teppichen, Gemälden und Fayencen einen nachhaltigen Eindruck vom Lebensstil Nürnberger Patrizier seit der Renaissance.

NÜRNBERG
Schloß Neunhof

Neunhof, Tel.: 0911/13310
Ab Nürnberg Hbf Stb 9 bis Thon, von dort weiter mit Bus 31
Fahrzeit: 33 Min.
H: Neunhof
Ö: April-Sept. So 10-17 Uhr
E: Erw. 2,- DM, Kinder 0,50 DM, Familien 3,- DM

Schloß Neunhof im „Knoblauchsland" ist nur einer der zahlreichen Patriziersitze im Nürnberger Stadtgebiet, die einstmals vor den Toren der Stadt als „Sommerfrische" dienten. Das Schlößchen Neunhof aus dem 15./16. Jh. ist ein Dokument patrizischer Wohnkultur.

ROTH
Schloß Ratibor

Hauptstr. 1, Tel.: 09171/84833
Ab Nbg Hbf R 6
Fahrzeit: 18 Min.
H: Roth Bf
Ö: April-Sept. Sa u. So 13-16 Uhr
E: Erw. 2,- DM, Kinder 1,- DM

Markgraf Georg der Fromme erbaute das Schloß Ratibor 1535-37 aus den Einkünften seiner oberschlesischen Besitztümer (daher auch der Name). Im Innern gibt es einen herrlichen Prunksaal mit Decken- und Wandgemälden aus der griechischen Göttersage und Homers Odyssee zu bewundern. Im 19. Jahrhundert ging das ehemalige Jagdschloß in den Besitz eines Rother Fabrikanten über.

Heute sind im Schloß ein Heimatmuseum (Hausrat, Keramik, Trachten, Dokumente zur Stadt- und Kreisgeschichte, Werke Rother Künstler), eine Bibliothek und ein Sitzungssaal des Stadtrates untergebracht. Im romantischen Innenhof befindet sich ein Glockenspiel und eine alte Linde, unter der im Sommer die Rother Schloßhofspieler mit großem Erfolg auftreten (Karten sind nur sehr schwer zu bekommen, Tel.: 09171/2326).

SCHNAITTACH
Festungsruine Rothenberg

Ab Nbg Hbf R 3 bis Neunkirchen a.S., von dort R 31
Fahrzeit: 34 Min.
H: Schnaittach Bf
Ö: Im Winter geschl., sonst Di-So 10-18 Uhr (wegen genauer Öffnungszeiten empfiehlt sich ein Anruf unter Tel.: 09153/4232)

Auf dem 560 Meter hohen Rothenberg steht dominierend die gleichnamige verfallende Festung, die 1729-43 unter Kurfürst Karl Albrecht nach dem Vorbild französischer Bastionen mit bis zu 20 Meter hohen Mauern und Kasematten erbaut, aber nie ganz vollendet wurde. Im österreichischen Erbfolgekrieg 1742 überstand das Bollwerk eine Belagerung durch die Österreicher. Danach diente die Festung als Invalidenheim und Strafanstalt. Auf Befehl König Ludwigs I. wurde die Anlage 1838 aufgelassen.

Das gewaltige Erscheinungsbild der weithin sichtbaren Anlage steht in krassem Gegensatz zum ruinösen Verfall im Innern der ehemals stolzen Festung. So nagt der Zahn der Zeit an der dem Verfall preisgegebenen größten Barockfeste Europas, die gleichzeitig die größte Ruine in Franken darstellt.

BURGEN UND SCHLÖSSER

TREUCHTLINGEN
Stadtschloß

Heinrich-Aurnhammer-Str. 3, Tel.: 09142/3121
Ab Nbg Hbf R 6
Fahrzeit: 44 Min.
H: Treuchtlingen Bf
Ö: 3. Mai-9. Okt. Mo-Fr 8-12 u. 13-17 Uhr, Sa 9-13 Uhr

Die Treuchtlinger bezeichnen ihr Schloß stolz als das bedeutendste Baudenkmal der Geschichte und als Mittelpunkt des Fremdenverkehrs. In der Tat: Das Stadtschloß von 1575 - in dem übrigens der berühmte Reitergeneral des 30jährigen Krieges, Gottfried Heinrich Graf von Pappenheim geboren wurde - ist mit dem Haus des Gastes und dem Kurhotel samt Lambertusbad nach einer gründlichen Sanierung eine ansehnliche Anlage geworden. Etwas erschrocken sind die meisten Besucher des Schlosses jedoch, wenn ihr Blick auf die hohe Blechwand einer direkt angrenzenden Brauerei fällt - ein (zumindest äußerlich) nicht sehr attraktiver Nachbar.

WEISSENBURG (i. Bay.)
Wülzburg

Tel.: 09141/907124
Ab Nbg Hbf R 6
Fahrzeit: 38 Min.
H: Weißenburg Bf, dann etwa 40 Min. Spaziergang
Ö: Der Innenhof ist ganzjährig zugänglich, außerdem kann man jederzeit um die Anlage spazieren
Führungen ab 30 Pers. Sa 13-17 Uhr, So 10-12 u. 13-17 Uhr
E: 1,- DM/Pers.

Schon 1146 wird auf dem Bergkegel östlich der Stadt Weißenburg ein Abt der Wülzburg genannt. Unter Markgraf Georg Friedrich entstand ab 1588 die heutige Festung, die allerdings bis zum Beginn des 30jährigen Krieges noch nicht fertiggestellt war. 1631 erkannte Tilly die strategische Bedeutung der fünfzackigen Festung und besetzte sie im Handstreich. Ein Jahr später hatten die Schweden Weißenburg eingenommen und die kaiserliche Besatzung befand sich auf der Wülzburg. Allerdings wurde der Schloßbau der Festung aus einem wenig abenteuerlichen Grund ein Raub der Flammen: Der Köchin brannte das Fett in der Pfanne an und die Anlage bis auf die Grundmauern ab. Das war 1634, und 24 Jahre später begannen die Wiederherstellungsarbeiten, allerdings aus Geldmangel ohne viel baulichen Luxus. Der 166 Meter tiefe Brunnen ist heute die Hauptattraktion, immerhin reicht er bis zur Sohle der Rezat (siehe auch auch Kapitel Brunnen ab S. 50). Mit einem riesigen Tretrad wurde das Wasser umständlich gefördert. Um die beeindruckenden Dimensionen der Anlage erfassen zu können, lohnt ein Spaziergang um den wehrhaften fünfzackigen Stern, der allerdings an vielen Stellen schon bedrohlich abbröckelt. Der ehemalige französische Staatspräsident Charles de Gaulle war übrigens als Kriegsgefangener auf der Wülzburg untergebracht. Im Juni 1918 unternahm er den letzten von insgesamt fünf erfolglosen Ausbruchsversuchen.

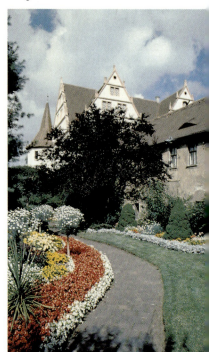

In Schloß Ratibor ist das Rother Heimatmuseum untergebracht.

PARKS / BOTANISCHE GÄRTEN

Der Ansbacher Hofgarten: barocke Symmetrie und englische Natürlichkeit.

Sie ließen nicht nur prachtvolle Häuser bauen: Patrizier und Markgrafen haben den Städten eine Reihe kunstvoll gestalteter Grünanlagen hinterlassen. Ein paar besonders schöne Beispiele für die vielen Gärten und Parks im VGN-Bereich haben wir ausgewählt. Beachten Sie bitte, daß auch der größte Teil der von uns genannten Erlebnisparks (Kap. Hits für Kids ab S. 36) sowie die meisten Burgen und Schlösser von Grünanlagen umgeben sind.

ANSBACH
Hofgarten und Orangerie

Gegenüber dem Schloß
Ab Nbg Hbf R 7
Fahrzeit: ca. 45 Min.
H: Ansbach Bf
Frei zugängliches Gelände

Der Ansbacher Hofgarten gegenüber dem Schloß geht auf das 16. Jahrhundert zurück. Die Rasenfläche vor der Orangerie zeigt sich heute noch in seiner barocken Form. Der übrige Garten ist im englischen Stil gehalten. Im Hofgarten befindet sich auch das Denkmal für den hier 1833 ermordeten Kaspar Hauser. Über den geheimnisvollen Findling, der am Pfingstmontag des Jahres 1828 in Nürnberg auftauchte und der sich ein Jahr später in Ansbach der Sensationsgier seiner Zeitgenossen zu entziehen versuchte, gibt es beim Verkehrsamt ausführliches Informationsmaterial. Ein spezieller Stadtplan markiert zwölf Hauser-Stationen.

Vorgänger der heutigen Orangerie war ein Lust- und Opernhaus, das 1667 einem Brand zum Opfer fiel. Als der Hofgarten 1726-28 neu gestaltet wurde, ließ Christiane Charlotte von Karl Friedrich von Zocha ein Pomeranzenhaus errichten, das als Winterhaus für die Orangen- und Zitronenbäume dienen sollte. Eine Kolonnaden-Galerie an der Nordseite, bestehend aus 16 Doppelsäulen, bestimmt das Äußere.

Auf den Spuren von Kaspar Hauser

1993 jährt sich zum 160. Mal der Todestag
Kaspar Hausers. Das Rätsel um den mutmaßlichen
badischen Thronfolger, der 1828 als Fremdling in Nürnberg
auftauchte und fünf Jahre später auf mysteriöse
Weise im Ansbacher Hofgarten ermordet wurde, ist
bis heute ungelöst und bewegt mehr denn je die Gemüter.
In Nürnberg und Ansbach läßt sich dem
berühmten „Findelkind Europas" noch jetzt an historischen
Stätten nachspüren.

Der Bärleinhuter Berg, der Unschlittplatz und die
Kaiserburg in Nürnberg, sein Wohnhaus, der Hofgarten
und sein Grab auf dem Friedhof in Ansbach
zählen zu den Orten, die die beiden Städte jetzt
gemeinsam in einem Spezialangebot „Auf den Spuren
Kaspar Hausers" offerieren. Das Paket für
Reisegruppen umfaßt eine oder mehrere Übernachtungen,
einen Imbiß und eine fünfstündige Experten-
Stadtführung in Nürnberg und Ansbach und ist schon
ab DM 69,– buchbar.
Natürlich geht's auch auf eigene Faust: Die Stadtführung
kann auch ohne Übernachtungspauschale bestellt
werden – für Gruppen schon ab DM 10,– pro Person!

Info-Adressen:

Verkehrsamt Ansbach, Postfach 1741, 8800 Ansbach,
Tel. 0981/51240
Congress- und Tourismus-Zentrale Nürnberg, Postfach 4248,
Tel. 0911/2336-0

ERLANGEN
Schloßgarten

- Am Schloßplatz
- Linien: fast alle Erlanger Buslinien
- H: Hugenottenplatz
- Frei zugänglich

Der Erlanger Schloßgarten erinnert an die höfische Stadt des 18. Jahrhunderts. Er wurde Anfang des 18. Jahrhunderts im französischen Stil angelegt und 1785 im Stil eines englischen Landschaftsgartens umgestaltet. Der Garten war früher sogar dreimal so groß, seine Fläche wurde jedoch durch Instituts- und Klinik-Bauten der Universität geschmälert. Im Sommer findet hier das traditionsreiche und beliebte Schloßgartenfest der Universität statt.

ERLANGEN
Aromagarten

- Palmsanlage
- Ab Erlangen Bf Bus 288
- Fahrzeit: 7 Min.
- H: Hindenburgstraße
- Frei zugänglich

Der sogenannte Aromagarten wurde 1979-81 vom Botanischen Institut der Erlanger Universität angelegt. Hier findet der Besucher gut gekennzeichnete Gewürz-, Duft- und Heilkräuter-Rabatten.

ERLANGEN
Botanischer Garten

- Loschgestraße
- Ab Erlangen Bf viele Linien, u.a. Busse 286/287/289
- Fahrzeit: 4 Min.
- H: Altstadtmarkt
- Ö: Freilandbereich: April-Sept. Mo-Fr 8-17 Uhr, Sa u. So 8-16 Uhr. Okt.-März So u. Feiertag 8-12 Uhr.
- Gewächshäuser: April-Okt. Di-So 9.30-11.30 u. 13.30-15 Uhr. Nov.-März So u. Feiertag 8-12 Uhr

Der 1771 gegründete Botanische Garten ist seit 1825 an seinem heutigen Platz untergebracht. In ihm finden sich 4000 Kultur- und Wildpflanzen (fränkische Sandflora), ein Arznei- und Gewürzgarten, Exoten und tropische Nutzpflanzen.

FORCHHEIM
Bastionen und Parkanlagen

- Von Brun Straße, Birkenfelder Straße
- Ab Nbg Hbf R 2
- Fahrzeit: ca. 30 Min.
- H: Forchheim Bf
- Frei zugänglich

Mitte des 16. Jahrhunderts entstanden als Folge des Markgrafenkrieges starke Befestigungen nach italienischem Vorbild, die sich im 30jährigen Krieg bewährten. Die Festungsanlagen wurden bis zu ihrer teilweisen Auflösung gegen Ende des 19. Jahrhunderts immer wieder verstärkt. Die Reste der Bastionen sind heute in ganz hervorragender Weise in die gärtnerischen Anlagen der Stadt einbezogen, so daß sich ein Spaziergang auf jeden Fall lohnt.

FÜRTH
Stadtpark

- Nürnberger Straße und Otto-Seeling-Promenade
- Linien: fast alle Fürther Busse
- H: Stadthalle
- Frei zugänglich

Im Jahre 1910 wurde auf dem Gelände des alten Friedhofs an der Nürnberger Straße ein Stadtpark angelegt, der nach dem zweiten Weltkrieg abschnittsweise attraktiver wurde. Mit der Gartenschau „Grünen und Blühen" 1951 rückte der Park überregional ins Blickfeld. Heute lockt er als einer der schönsten Parks in Franken mit Weihern, Freilichtbühne, Kinderspielplatz und Springbrunnen. Der Stadtpark ist Teil eines großen, zusammenhängenden Naherholungsgebietes an Rednitz, Pegnitz und Regnitz, zu dem auch der 588 Hektar große Stadtwald mit Wildschweingehegen und einem Waldlehrpfad zählt.

NÜRNBERG
Hallerwiese und Barockgärten

St. Johannis, Westtorgraben (Hallertor), Riesenschritt, Johannisstraße
Linien: Stb 4/6
H: Hallertor

Dieser kleine Spaziergang über die Hallerwiese führt in die älteste Vorstadt Nürnbergs, in der u.a. die Reste aus der Hochblüte künstlerischer Gartengestaltung zu besichtigen sind. Über das Hallertürlein (bei der Gaststätte „Kettensteg") gelangt man auf eine große parkähnliche Wiese (benannt nach Margarete Heyden, geborene Haller, die 1434 die Fläche an den Rat der Stadt Nürnberg verkaufte), die älteste Grünanlage der Stadt. Hier übten die Armbrustschützen, hier lauschten aber auch die Bürger der freien Reichsstadt den Gesängen der Meistersinger. Im westlichen Bereich der Hallerwiese entstand um 1495 die bedeutenste Landschaftsdarstellung von Albrecht Dürer, das berühmte Aquarell „Die Weidenmühle". Am Riesenschritt Nr. 26 steht ein Pavillon in Fachwerkbauweise in einem wiederhergestellten Barockgarten (Zugang zur Anlage auch von der Johannisstraße 47). Der Barockgarten in der Johannisstraße 13 mit dem Figurenzyklus griechischer Götter ist während der Sommermonate beliebter Schauplatz von Theateraufführungen und Konzerten (Termine und Karten siehe Veranstaltungszeitschrift Monatsmagazin).

Jeden Sommer findet im Erlanger Schloßgarten ein beliebtes Fest statt.

BÄUME MIT GESCHICHTE

Daß Bäume eine Geschichte haben können, bezweifelt niemand. Schließlich wurden Gerichte früher meist unter der schützenden Krone einer Linde abgehalten. (Für so manchen Übeltäter endete das Leben danach gleich am nächsten Ast.) Unsere Bäume hier wissen also eine ganze Menge, und das - wir sagen es ganz offen - obwohl sie nicht alle in der Baumschule waren...

EFFELTRICH
Tausendjährige Linde

Ab Erlangen Bf Bus 208
Fahrzeit: ca. 30 Min.
H: Effeltrich Linde

Die 1000jährige Linde von Effeltrich ist ein Naturdenkmal ersten Ranges. Der Überlieferung nach soll die Linde anläßlich der Gründung des Erzbistums Bamberg im Jahre 1007 gepflanzt worden sein. Die Ausmaße dieses gigantischen Baumes sind so selten wie einmalig: Der Umfang des Stammes beträgt rund neun Meter, die Höhe cirka acht Meter, der Laubkronenumfang wird auf rundherum 80 Meter beziffert und der Durchmesser wird mit 24 Metern angegeben. Die gewaltigen Äste werden von 24 Holzsäulen getragen.

EFFELTRICH
Obstbaumkulturen

Ab Erlangen Bf Bus 208
Fahrzeit: ca. 30 Min.
H: Effeltrich Linde

Die Effeltricher Baumschulen, Staudengärtnereien und Obstbaumschulen sind in ihrer Vielzahl und Vielfalt einmalig. Schon der Ortsname läßt auf eine frühe Verbindung mit dem Obstbau und der Obstbaumzucht schließen: Bereits 1121 ist von „Effeldera" oder „Effeteren" die Rede, was von den althochdeutschen Wörtern „aphalta" oder „affaltera" abgeleitet wird und soviel wie „apfelreich" bedeutet. Effeltrich ist also ein Ort mit vielen Apfelbäumen.

Bereits um 1650 gab es gewerbsmäßige Anlagen von Obstbaumkulturen. Belegt ist, daß nach dem 30jährigen Krieg Baumhändler bis nach Schweden und Rußland kamen und nicht selten mit einem Erlös von 20.000 Gulden zurückkehrten. Im Jahre 1899 wurde die Obstbaumzucht- und Verkaufsgenossenschaft gegründet.

Neben der Obstbaumzucht nehmen Sonderkulturen einen wichtigen Rang im Wirtschaftsleben des Dorfes ein: Erdbeeren, Spargel und Meerrettich sind nicht nur auf den umliegenden Wochenmärkten der Städte zu finden, sondern auch darüber hinaus. Die Firmen Schmidtlein (Oberer Bühl, Tel.: 09133/2378) und Augustin (Neunkirchener Straße, Tel.: 09133/5842) bieten Sonderführungen an.

GRÄFENBERG
Kunigunden-Linden

Vor dem Hiltpoltsteiner Tor
Ab Nbg Nordostbf R 21. Oder ab Nbg Hbf ZOB Bus 212
Fahrzeit: 50 bzw. 54 Min.
Haltestelle: Gräfenberg

Die historische Kunigundenlinde vor dem Hilpoltsteiner Tor zählt zu den ältesten Naturdenkmälern der Fränkischen Schweiz. Die Überlieferung besagt, daß dieser Baum von der heiligen Kunigunde (Gattin Heinrichs II.) gepflanzt wurde. Demzufolge müßte der Baum knapp 1000 Jahre alt sein. Der Baum hatte früher einen Umfang von sechs Metern, aus dem hohlen Baumstumpf treiben immer wieder neue Blüten.

Die zweite Kunigundenlinde steht in Kasberg an der Wegkreuzung Walkersbrunn / Oberehrenbach (ab Gräfenberg Wanderung von ca. 6 km). Das Innere des ausgehöhlten Lindenstammes, aus dem immer wieder frische Zweige hervorsprießen, hat einen Durchmesser von etwa drei Metern, die Krone mißt rund 20 Meter. Um die Linde ranken sich viele Geschichten, Tatsache ist aber, daß der alte Baum schon 1360 als Gerichtslinde diente.

Die ehemalige Universität Altdorf

...eine der traditionsreichen Stätten im

Altdorfer Land

Das Gebiet rund um die alte Universitätsstadt Altdorf fasziniert in seiner Vielfältigkeit.
Unberührte Täler, herrliche Wälder und bizarre Felsenschluchten prägen das Gesicht der Landschaft.
Schlösser, Burgen und der verträumte Ludwigskanal warten auf Entdeckung
Die alte Reichsstadt Nürnberg ist aus vielen Orten bequem mit der S-Bahn zu erreichen.

Das Altdorfer Land präsentiert sich als Urlaubsgebiet mit hervorragender fränkischer Gastronomie- zu jeder Jahreszeit.
Gönnen Sie sich eine erholsame Schnaufpause.

Termine zum Vormerken:
29.6.-16.8.1993   Ausstellung zum Universitätsjubiläum
25.6.- 7. 8.1994   Wallensteinfestspiele in Altdorf

Infos:
Verkehrsamt Altdorfer Land, 8503 Altdorf b. Nürnberg (**90515**)
Rathaus, Tel.: 09187/807-100, FAX: 09187/807-290

HISTORISCHE BAUWERKE

Geschichte kann man an vielen Stellen einer Stadt erfahren. Oft sind es die Gebäude selbst, die von vergangenen Zeiten erzählen. Von Mächtigen, von Gelehrten und von einfachen Menschen. Stadtführungen in Nürnberg organisiert die Congress- und Tourismus-Zentrale (siehe S. 46).

ALTDORF
Ehemaliges Universitätsgebäude

Jetzt ist hier das „Wichernhaus" der Rummelsberger Anstalten, Schule und Internat für Körperbehinderte, untergebracht
Silbergasse, Tel.: 09187/600
Ab Nbg Hbf S 2
Fahrzeit: 33 Min.
H: Altdorf Bf

Der erste Bauabschnitt des ehemaligen Universitätsgebäudes ist in der Zeit von 1571-74 entstanden und umschließt zusammen mit dem Süd- und Westflügel (1581/82) einen großen viereckigen Hof. Unter dem sechsgeschossigen Uhrturm ist der ehemalige Studentenkarzer untergebracht. Das Äußere der architektonischen Sehenswürdigkeit blieb seit rund 400 Jahren nahezu unverändert. Nürnberg war im 16. Jahrhundert eine Hochburg des Humanismus. Als dem Melanchthon-Gymnasium der Freien Reichstadt im Zuge der neuen Richtung Hochschulkurse in ländlicher Umgebung angefügt werden sollten, fiel die Wahl auf Altdorf. Das „Nürnberger Gymnasium in Altdorf" wurde bereits 1578 durch Kaiser Rudolph II. zur „Academie" erhoben, 1623 dann zur Universität, die in ganz Deutschland berühmt wurde. Ende 1599 bis April 1600 war Wallenstein zu Studienzwecken in Altdorf, machte sich aber vor allem durch wüste Exzesse unbeliebt.

FORCHHEIM
Rathaus

Marktplatz, Tel.: 09191/84338
Ab Nbg Hbf R 2
Fahrzeit: ca. 30 Min.
H: Forchheim Bf
Nur Außenbesichtigung

Das Fachwerkensemble auf dem Forchheimer Marktplatz ist eines der schönsten Motive dieser Art in Franken. Das Rathaus wurde 1490-91 gebaut, der Turm kam um 1523 dazu. Der große Rathaussaal ist neugotisch verkleidet.

Der Forchheimer Marktplatz ist von wunderschönen Fachwerkhäusern umgeben. Zu Ostern wird zudem der Brunnen geschmückt. (Mehr über diesen Brauch auf S. 50)

HISTORISCHE BAUWERKE UND DENKMÄLER

FÜRTH
Rathaus

Königstraße 88, Tel.: 0911/974-1133
Linien: fast alle Fürther Buslinien
H: Rathaus
Nur Außenbesichtigung

Das imponierende Rathaus wurde von 1840-50 nach einem Entwurf Friedrich von Gärtners von seinem Schüler Friedrich Bürklein gebaut. Der Turm hat den Palazzo Vecchio in Florenz zum Vorbild und ist das Wahrzeichen der Stadt. Zur Fürther Kirchweih wird der Turm mit vielen tausend Lampen ausgestattet, so daß seine typischen Konturen weithin sichtbar sind.

FÜRTH
Stadttheater

Königstraße 116, Tel.: 0911/770930
Linien: fast alle Fürther Buslinien
H: Stadttheater

Die Wiener Architekten Ferdinand Fellner und Hermann Helmer errichteten 1901-02 an städtebaulich markanter Stelle den neubarocken Theaterbau aus Sandstein mit ausladender Treppe und schmucker Hauptfassade. Der reich dekorierte Neo-Rokoko-Zuschauerraum bietet Platz für rund 1000 Personen. Das Haus wurde 1972 gründlich restauriert und wird jetzt als Gastspieltheater geführt (Kap. Bühnenzauber ab S. 67).

FÜRTH
Hornschuchpromenade/
Königswarterstraße

Linie: U 1
H: Jakobinenstraße

Man muß schon weit fahren, um eine ähnliche Aufreihung vorbildlich restaurierter Häuser aus der Gründerzeit zu sehen. Alte Alleebäume und mehrgeschossige, repräsentative Mietshäuser des späten Historismus in der Hornschuchpromenade und der Königswarterstraße machen einen Bummel auf der einstigen Trasse der ersten deutschen Eisenbahn zum Vergnügen. Zu den Straßennamen: Der Fürther Ehrenbürger Wilhelm Königswarter stiftete ansehnliche Summen für humanitäre und kulturelle Zwecke, der Unternehmer Christian-Heinrich Hornschuch hat sich durch soziales Engagement einen Namen gemacht.

Auch außerhalb der Vorstellungen einen Besuch wert: Fürther Stadttheater.

HISTORISCHE BAUWERKE UND DENKMÄLER

HAPPURG
Keltische Ringwallanlage „Houbirg"

Ab Nbg Hbf S 1 bis Lauf, von dort R 4
Fahrzeit: 34 Min.
H: Hersbruck (li Pegn), dann Wanderung nach Happurg
Gelände frei zugänglich

Von der Wegeübersichtstafel in der Happurger Ortsmitte folgen Sie dem Grünpunkt. Nach dem Anstieg durch die Hunnenschlucht befinden Sie sich auf dem ca. sechs Kilometer langen Rundweg.

Die „Houbirg" (= Hohe Bürg, 615 Meter) ist eine nach drei Seiten abfallende Hochfläche mit einer vermutlich von Kelten gebauten Ringwallanlage von vier Kilometern Länge. Innerhalb der Mauer befanden sich Siedlungen. Darauf lassen Gefäß-Scherben der zweiten Eisenzeit und Knochen von Haustieren schließen. Am Südhang liegen die Trümmer des Hohlen Felsens, einer markanten Felsbildung (großartige Aussicht vom Gipfelplateau) mit riesiger vorgeschichtlicher Halbhöhle. Wertvolle Funde der altsteinzeitlichen Siedlungsstätte können Sie sich in der Prähistorischen Sammlung der Naturhistorischen Gesellschaft Nürnberg (siehe Kapitel Museen ab S. 116) ansehen.

LAUF
Felsenkeller

Unter dem Marktplatz
Ab Nürnberg Hbf R 3 oder S 1
Fahrzeit: 21 bzw. 23 Min.
H: Lauf Bf (re Pegn) bzw. Lauf Bf (li Pegn)
Kostenlose Besichtigung nur nach Voranmeldung beim Stadtarchiv, Tel.: 09123/184166

Elf Meter tief unter dem Laufer Marktplatz sind Kellergewölbe in den Felsen geschlagen. Brunnen und Luftschächte, Namen und Jahreszahlen belegen eine lange Nutzung als Bierkeller. Bier finden Sie hier nicht mehr, aber eine Besichtigung lohnt sich dennoch.

NEUSTADT A.D. AISCH
Rathaus

Marktplatz
Ab Nbg Hbf R 1, ab Neustadt (Aisch) Bf Bus 127
Fahrzeit: 30-50 Min.
H: Neustadt (Aisch) Amtsgericht

Jeden Tag mittags um 12 Uhr dreht ein meckernder Geißbock auf dem Uhrturm des Rathauses seine Runden. Auch im Torhaus des Nürnberger Tores findet sich das Tier, von Steinmetzen verewigt, als Wahrzeichen der Stadt. Die Überlieferung berichtet, daß eine Belagerung der Stadt durch bayerische Truppen im Herbst 1461 nur deswegen abgebrochen wurde, weil ein Ziegenbock auf der Stadtmauer umherlief und so der Eindruck erweckt wurde, daß es den Belagerten über alle Maßen gut ginge.

Unter dem Fell des Tieres soll seinerzeit ein kleinwüchsiger Schneider gesteckt haben. Immer am Kirchweih-Dienstag ziehen die Kinder der Grund- und Hauptschule durch die Stadt, um auf dem Marktplatz zu tanzen und zu singen. Im Mittelpunkt steht dabei der Geißbock-Tanz, der auf die Geißbock-Sage hinweist.

NÜRNBERG
Altstadthof

Zwischen Burgstraße und Albrecht-Dürer-Straße
Linien: U 1/11 oder Bus 36
H: Lorenzkirche bzw. Hauptmarkt

Der Altstadthof unterhalb des Tiergärtnertorplatzes war von Anfang an das Sorgenkind seiner Planer. Viele Besucher des Burgviertels gehen an den Läden, der Museumsbrauerei und dem Altstadthof-Theater (Kapitel Bühnenzauber ab S. 67) einfach vorbei, weil der Hof etwas versteckt liegt. Dabei sollte man auf dem Weg zum Dürerhaus oder zur Burg schon einen Bummel durch den Hof machen, denn vor allem die Museumsbrauerei mit den Felsengängen lohnt einen Besuch. Dort gibt es auch naturtrübes Bier in Eineinhalb-Literflaschen und die dazugehörigen Holz-tragerl zu kaufen.

HISTORISCHE BAUWERKE UND DENKMÄLER

Die Nürnberger Sehenswürdigkeit gegenüber dem Hauptbahnhof!

Handwerkerhof Nürnberg am Königstor

Das Einkaufserlebnis mit dem besonderen Flair!

Sehenswert - die Handwerker der kleinen Stadt am Königstor in ihren »lebenden Werkstätten«.

Ein Besuch lohnt sich - wenn Sie Besonderes oder Ausgefallenes suchen.

Bummeln, schauen, gut einkaufen und sich von der fränkischen Gastlichkeit verwöhnen lassen!

Öffnungszeiten: täglich ab 10 Uhr geöffnet, Sonn- und Feiertage geschlossen.

NÜRNBERG
Handwerkerhof

Königstor, am Hbf
Ö: Ostern-24. Dez. Mo-Sa, während des Christkindlesmarktes auch So
Eintritt frei

Der Handwerkerhof am Königstorturm gegenüber dem Hauptbahnhof wurde im Dürerjahr 1991 nach einer Idee des Nürnberger Ausstellungsfachmannes Helmuth Könicke gebaut. Ursprünglich sollten die kleinen Häuser mit ihren Werkstätten nur im Dürerjahr an die große Tradition der Handwerkskunst früherer Zeiten erinnern. Die Korbflechter, Goldschmiede, Zinngießer, Täschner, Häffner, Lebkuchenbäcker, Münzpräger, Kunstschmiede, Glasbläser, eine Puppenmacherin und ein Xylograph (Holzschnitzer) lockten damals bereits rund eine Million Besucher in die kleine Stadt. Ein unglaublicher Erfolg. Seither gehört der Handwerkerhof zu den Publikumsmagneten unter den Nürnberger Sehenswürdigkeiten.

Obwohl ein paar Spötter vom Disneyland sprechen, hat die Einrichtung längst auch unter den Nürnbergern ihre große Fangemeinde. Neben der Handwerkskunst sind es die beiden gemütlichen Gaststätten, die viele Besucher anziehen.

NÜRNBERG
Industriesiedlung Hammer

in Laufamholz (Laufamholzstraße)
Ab Nbg Hbf S 2 oder Stb 3 bis Mögeldorf, dann Bus 40
Fahrzeit: 13 bzw. 20 Min.
H: Laufamholz bzw. Hammer

Hammer, eine der ersten Industrieansiedlungen um Nürnberg, wirkt auf die wenigen Besucher, als läge es im Dornröschenschlaf. Dazu trägt die idyllische Lage im Pegnitztal und die Geschlossenheit der Anlage erheblich bei. Hinter den beiden Toren ducken sich behäbige Sandsteinhäuser. In der Mitte der Siedlung steht der Nachbau eines Obelisk, der 1861 aus dem Volkamerschen Garten in Gostenhof hierher verbracht wurde. Das Herrenhaus wurde im letzten Krieg leider zerstört. Schon im 17. Jahrhundert war an dieser Stelle von einem Messinghammer die Rede.

Hübsche Kleinigkeiten findet man im Nürnberger Handwerkerhof.

HISTORISCHE BAUWERKE UND DENKMÄLER

NÜRNBERG
Rathaus

Rathausplatz, Tel.: 0911/2336-0 (Tourist-Zentrale)
Linie: Bus 36
H: Rathaus

Das Rathaus, gegenüber dem Ostchor von St. Sebald, wurde von Jakob Wolff d.J. entworfen und in der Zeit von 1616-22 zusammen mit seinem Bruder Hans errichtet. In dem nach italienischem Vorbild erbauten Rathaus sind die drei Barockportale besonders erwähnenswert. Bereits im Vorgängerbau des Wolff'schen Rathauses von 1332 waren die berühmten Lochgefängnisse (Kapitel Hits für Kids ab S. 36) untergebracht. Der Rathaussaal, in dem am 25. September 1649 das Friedensmahl zur Beendigung des 30jährigen Krieges stattfand, ist das letzte bislang unvollendete Bauwerk im Rahmen der großartigen Wiederaufbauleistung der Stadt nach den verheerenden Zerstörungen des zweiten Weltkrieges.

NÜRNBERG
Heilig-Geist-Spital

Spitalstraße
Linien: U 1/11
H: Lorenzkirche

Das Heilig-Geist-Spital über der Pegnitz ist eines der meistfotografierten Motive der Stadt. Es wurde 1331 von dem Nürnberger Patrizier Konrad Groß gestiftet und galt damals als eine der größten Sozialeinrichtungen Deutschlands. Von der gleichnamigen Kirche (Aufbewahrungsort der Reichskleinodien von 1424-1796), die 1945 der Zerstörung durch Fliegerbomben zum Opfer fiel, konnten nur noch die West- und Nordmauern in den Neubau eines Studentenheimes integriert werden. An der Nordseite des großen Spital-Innenhofes (Eingang aus Richtung Schuldturm, Insel Schütt) befindet sich die Kreuzigungsgruppe von Adam Kraft (um 1505). Seit Anfang der 50er Jahre dient das Heilig-Geist-Spital als Altenheim. Hinter den Butzenscheiben der Schaufassade befindet sich ein Restaurant, das wegen seiner Weinauswahl und der exponierten Lage beliebt ist.

NÜRNBERG
Reichsparteitagsgelände

Ab Nbg Hbf S 2
Fahrzeit: 8 Min.
H: Frankenstadion
Gelände frei zugänglich

Kongreßhalle, Haupttribüne, Zeppelinfeld und Große Straße sind stumme Zeugen nationalsozialistischen Größenwahns. Die Kongreßhalle an der Bayernstraße wurde 1937 nach einem Entwurf von Ludwig Ruff begonnen und blieb unvollendet. Das Zeppelinfeld mit seiner Steintribüne baute man nach Entwürfen des Naziarchitekten Albert Speer. Die Pfeilergalerie der Haupttribüne wurde 1967 aus Gründen der Baufälligkeit abgetragen. Führungen über das Reichsparteitagsgelände bietet der Verein „Geschichte für Alle" (Sa u.So 14 Uhr, Dauer ca. 2 Std., Treffpunkt Endhaltestelle Stb-Linie 9 am Luitpoldhain. Preis für Erw. 7,- DM. Gruppenführung Tel.: 0911/332735). Von Juli bis Oktober kann im „Goldenen Saal" (Mittelbau der Zeppelintribüne, Eingang Tribünenrückseite) die Ausstellung „Faszination und Gewalt - Nürnberg und der Nationalsozialismus" besichtigt werden (Di-So 10-18 Uhr, Eintritt frei). Informationen: Pädagogisches Institut der Stadt Nürnberg, Insel Schütt 5, Tel.: 0911/2312519. Siehe auch Stadtführungen S. 46.

SCHWABACH
Rathaus

Marktplatz
Linien: Bus 60/61 und alle Linien des Stadtverkehrs Schwabach
H: Stadtmitte oder Schillerplatz
Nur Außenbesichtigung

Das Rathaus von 1509 mit seiner Fachwerkfassade und den Rundbogenarkaden prägt das Bild des Stadtmittelpunktes, der zusammen mit dem Schönen Brunnen, dem Pferdebrunnen, der Fürstenherberge und dem Ensemble der Bürgerhäuser einen der schönsten Marktplätze in Mittelfranken bildet. Der von Schwabacher Handwerkern geschaffene „Goldene Saal" wurde 1974 durch Brandstiftung vernichtet.

MUSEEN

Schon mal was von einem Raumfahrtmuseum gehört? Oder können Sie sich vorstellen, was ein Museum der leonischen Industrie zu bieten hat? Hier finden Sie für (fast) jeden Geschmack mindestens ein Museum aufgelistet und beschrieben. Von A wie Abenberg (Klöppelmuseum) bis W wie Weißenburg (Apothekermuseum) reicht die Auswahl. Einigen großen Ausstellungen haben wir eigene Kapitel gewidmet (Verkehrsmuseum Nürnberg im Kapitel „Nostalgie auf Schienen" S. 10). Zu allen Museen sind wir Ihnen mit dem VGN vorausgefahren.

ABENBERG
Klöppelmuseum

Stillaplatz 1, Tel.: 09178/711	
Ab Schwabach Bf Bus 607 (Achtung So nur eine Fahrmöglichkeit)	
Fahrzeit: 21 Min.	
H: Abenberg Post	
Ö: So 14-17 Uhr, mit Vorführungen (März-Dez.)	
E: Erw. 1,- DM, Kinder -,50 DM	

Das Museum hat sich auf die Darstellung einer Handarbeit mit einer langen Tradition spezialisiert. Zu sehen gibt es eine Vielzahl von Klöppelexponaten: Leinenspitzen, Metallspitzen, Arbeiten aus der Klöppelschule Abenberg sowie Trachtenhauben und auch altes Klöppelgerät.

ANSBACH
Markgrafenmuseum

Schaitbergerstr. 10-14, Tel.: 0981/51-296	
Ab Nbg Hbf R 7	
Fahrzeit: 45 Min.	
H: Ansbach Bf	
Ö: Di-So 10-12 u. 14-17 Uhr	
E: Erw. 1,- DM, Kinder -,50 DM	

Bedeutende Sammlungen zur Ansbacher Markgrafengeschichte (Fayencen und Porzellan, umfangreichste Sammlung von Werken Ansbacher Hofmaler). Daneben naturwissenschaftliche sowie vor- und frühgeschichtliche Bestände. Interessante Ausstellungsstücke zum Thema Kaspar Hauser, u.a. Kleidungstücke, die er an seinem Todestag am 14. Dez. 1833 trug.

Das gute alte Radio... Alles rund um den Funk steht im Rundfunkmuseum.

BRUNN (b. Emskirchen) Rundfunkmuseum

Sammlung Schroll, Am Schloß 2, Tel.: 09104/2482
Ab Nürnberg Hbf R 1
Fahrzeit: ca. 30 Min.
H: Emskirchen Bf, dann 30 Min. Fußweg
Ö: Mai-Okt. So u. Feiertage 14-17 Uhr und nach Vereinbarung
E: Erw. 3,50 DM, Kinder 1,- DM

Vom Volksempfänger zur Videowand: Dieses einzigartige Museum in Bayern zeigt seit Mai 1992 Hörens- und Sehenswertes rund um die Entwicklung des Rundfunks und des Fernsehens. Technik und Design der Geräte stehen im Mittelpunkt der Ausstellung. Besonders interessant ist aber auch die Dokumentation dieser Medien als Propaganda-Instrumente, wie es das Radio beispielsweise für die Nazis war. Zu sehen sind rund 800 Geräte auf einer Ausstellungsfläche von 250 Quadratmetern.

ERLANGEN Stadtmuseum

Im Altstädter Rathaus, Martin-Luther-Platz 9, Tel.: 09131/860
Linien: Bus 286/287/289
H: Martin-Luther-Platz
Ö: Di-Fr 9-13 u. 14-17 Uhr, So 10-17 Uhr
Eintritt frei

Im ehemaligen Altstädter Rathaus (1733/36) ist seit 1964 das Stadtmuseum mit seinen reichen volkskundlichen Sammlungen untergebracht, das sind vor allem Exponate zur Entwicklungsgeschichte Erlangens. Das Museum wird zur Zeit umgebaut. (Teileröffnung im Oktober 1993, Fertigstellung 1994).

Keine Erfahrung mit Bus und Bahn?

Macht nichts: Ab Seite 147 wird das VGN-System genau erklärt.

FEUCHT Zeidelmuseum (Imkermuseum)

Pfinzingstr. 6, Tel.: 09128/3114
Ab Nbg Hbf S 2 oder R 5
Fahrzeit: 16 bzw. 9 Min.
H: Feucht Bf
Ö: Sa u. So 13-17 Uhr
Eintritt: Erw. 2,- DM, Kinder 1,- DM

Im Mittelalter war der Ort Zentrum des Zeidelwesens (Bienenzucht). Schon 1296 sollen im Lorenzer Reichswald bei Feucht Zeidler (Imker) die Waldbienenpflege betrieben und Honig geerntet haben. 1350 erteilte Karl IV. den Imkern in Feucht einen sogenannten Freiheitsbrief. Zur selben Zeit erhielten die Imker ein eigenes Gericht, das Zeidelgericht. Dieses Gericht entschied in Zeidelangelegenheiten, hatte aber auch über Waldschäden zu befinden. Die Sitzungen - die letzte übrigens am 1. September 1779 - fanden allesamt im heutigen Rathaus statt.

Seit 1976 gibt es einen Zeidlerwesen-Erhaltungsverein, der nach intensiver Sammlertätigkeit im sanierten „Hutzlerhaus" ein Zeidelmuseum einrichtete. Dort sind Zeidel-Utensilien, Trachten, Lebkuchenmodeln und Insektensammlungen zu sehen. In dem alten Fachwerkhaus ist auch die Bibliothek des Landesverbandes Bayerischer Imker untergebracht. Für Feucht sind die Zeidler, mit der Armbrust auf einem Bienenkorb stehend, mittlerweile zu einem Markenzeichen geworden.

FEUCHT Hermann-Oberth-Raumfahrt-Museum

Pfinzingstr. 12 und 14, Tel.: 09128/3502
Ab Nbg Hbf S 2 oder R 5
Fahrzeit: 16 bzw. 9 Min.
H: Feucht Bf
Ö: Mi, Sa u. So 14-17 Uhr (und nach Vereinbarung)
E: Erw. 3,- DM, Kinder 2,- DM

Pfalzmuseum in Forchheim: Ein Tafelbild des hl. Christopherus (um 1500).

Im Pfinzing-Schloß von Feucht ist das Werk des Raumfahrt-Pioniers Professor Hermann Oberth dokumentiert. Oberth war der „Jules Verne des 20. Jahrhunderts", wie man ihn ehrfurchtsvoll nannte. Er schuf die theoretischen Grundlagen der heutigen Weltraumfahrt und erfand u.a. die Rakete mit flüssigen Brennstoffen. Schon 1923 erschien das erste Buch von Oberth „Die Rakete zu den Planetenräumen" - heute noch ein Standardwerk der Astronautik.

FORCHHEIM
Pfalzmuseum

(Museum für die Fränkische Schweiz), Kapellenstr. 16, Tel.: 09191/84327
Ab Nbg Hbf R 2
Fahrzeit: 28 Min.
H: Forchheim Bf, dann 10 Min. Fußweg
Ö: Mai-Okt. tägl außer Mo 10-12.30 und 13.30-16 Uhr
E: Erw. 2,- DM, Kinder frei

Im ehemaligen Schloß der Bamberger Bischöfe ist das Museum für die Fränkische Schweiz untergebracht. Es zeigt auf drei Etagen vor- und frühgeschichtliche Sammlungen, den Kaisersaal mit Resten wertvoller Wandmalerei (um 1380 Parler-Werkstatt), volkskundliche Exponate und über 60 Gemälde des Forchheimer Malers Georg Mayer-Franken (1870-1926).

FÜRTH
Stadtmuseum Fürth

Schloß Burgfarrnbach, Schloßhof 2, Tel.: 0991/752986
Ab Fürth Hbf R 1/12 oder Bus 172
Fahrzeit: 6 bzw. 22 Min. (Bus)
H: Burgfarrnbach Bf bzw. Regelsbacher Straße
Ö: Führungen Mo u. Do 10,11,14 u. 15 Uhr, So 10,11 u. 12 Uhr, an Feiertagen geschl.
E: Erw. 1,- DM, Kinder -,50 DM

Das Museum mit seinen Exponaten zur Stadtgeschichte kann nur im Rahmen von Führungen unter sachkundiger Leitung besucht werden. Im Schloß Burgfarrnbach entsteht zur Zeit auf zwei Etagen ein Radiomuseum. Damit soll die Bedeutung der Stadt Fürth als Stadt der Unterhaltungselektronik (Grundig, Metz) gewürdigt werden.

GUNZENHAUSEN
Städtisches Museum

Rathausstr. 12, Tel.: 09831/50867
Ab Nbg Hbf R 6 bis Pleinfeld, weiter mit R 62 oder Bus 621
Fahrzeit: Fahrzeit 48 bzw. ca. 63 Min. (Bus)
H: Gunzenhausen Bf
Ö: 1. Mai-15. Okt. Di-So 10-12 u. 13-17 Uhr, 16. Okt.-30. April Di-Fr 13-17 Uhr, So u. Ostermontag/Pfingstmontag 10-12 u. 13-17 Uhr
Eintritt frei

In 20 Räumen werden Exponate zur Stadtgeschichte gezeigt, dazu bürgerliche Wohnkultur vom 17. bis 20. Jahrhundert, 115 Fayencefliesen mit Falkenjagdthemen. Abgerundet wird die Sammlung aus dem häuslichen Bereich der ländlichen Umgebung. Die Themen der Sonderausstellungen sind beim Verkehrsamt zu erfragen: Tel.: 09831/9795.

HERSBRUCK
Deutsches Hirtenmuseum

Am Eisenhüttlein 7, Tel.: 09151/2161
Ab Nbg Hbf R 3
Fahrzeit: 17 Min.
H: Hersbruck (re Pegn.) Bf
Ö: Di-So 10-12 u. 14-16 Uhr
E: Erw. 3,- DM, Kinder 1,- DM, Gruppen 2,- DM

In dem Bürgerhaus des 16. Jahrhunderts sind umfangreiche Sammlungen zur Hirtenkultur in Franken und Deutschland untergebracht - es ist das einzige Museum dieser Art in Deutschland. Zu sehen sind rund 200 Schellenbögen, Texte und Noten alter Hirtenrufe, Ringelpeitschen, Schalmeien, Tabakspfeifen, Schnupftabaksdosen und bis zu 3 Meter lange Blashörner.

Am Dreikönigstag treffen sich hier die Hirten der Hersbrucker Alb (siehe Kap. Feste ab S. 88). Dann knallen die Peitschen, und es ertönen Rundhorn und Hirtenlieder.

LAUF
Industriemuseum

Sichardstr. 5-11, Tel.: 09123/184-118
Ab Nbg Hbf R 3 oder S 1
Fahrzeit: 21 bzw. 23 Min.
H: Lauf Bf (re Pegn.) bzw. Lauf Bf (li Pegn.)
Ö: 1. April-30. Nov., Mi-Fr 10-12 u. 14-17 Uhr, Sa u. So 10-17 Uhr (jeden So Sondervorführungen)
E: Erw. 3,- DM, Familien 6,- DM

Die wirtschaftliche Entwicklung von Lauf hängt sehr eng mit der Wasserkraft der Pegnitz zusammen, die im Stadtgebiet ihr stärkstes Gefälle zwischen Quelle und Mündung erreicht. Deswegen entstanden schon im Mittelalter Mahlmühlen, Draht- und Eisenhämmer. Das Industriemuseum will über altes, städtisches Handwerk informieren und einen Eindruck von den Frühformen der Industrialisierung vermitteln. Dabei liegt der Schwerpunkt bei den wasserradgetriebenen Gewerben.

Jeweils am dritten Sonntag im Juli wird übrigens ein Museumsfest mit Vorführungen und Sonderprogramm veranstaltet.

NEUSTADT A.D. AISCH
Heimatmuseum

Untere Schloßgasse 8, Tel.:09161/92288
Ab Nbg Hbf R 1 bis Neustadt Bf, von dort weiter mit Bus 127
Fahrzeit: 30-50 Min.
H: Neustadt (Aisch) Amtsgericht
Ö: März-Dez. So 13.30-16.30, Di 19.30-21 Uhr
Eintritt frei

Das Markgräfliche Wasserschloß von 1430 beherbergt seit 1960 das Neustädter Heimatmuseum. Darin sind vorwiegend Gegenstände aus der Umgebung von Neustadt a.d. Aisch gesammelt, die eine Verbindung zur bäuerlichen Wohn- und Arbeitswelt des Aischtals herstellen. Ein kulturgeschichtlich bedeutsames Exponat für die Gegend ist das Kirchenbüchlein des Pfarrer Veit v. Berg aus der Zeit um 1640.

NÜRNBERG
Stadtmuseum Fembohaus

Burgstr. 15, Tel.: 0911/2312271
Linie: Bus 36
H: Hauptmarkt
Ö: März-Okt. und während des Christkindlesmarktes Di-So 10-17 Uhr, Mi bis 21 Uhr, Nov.-Feb. (Ausnahme Christkindlesmarkt) Di-Fr 13-17 Uhr, Mi bis 21 Uhr, Sa u. So 10-17 Uhr
E: Erw. 3,- DM, Kinder 1,- DM

Seit 1953 dient das Bürgerhaus aus Renaissance und Barock als Museum. Der „Hirsvogelsaal" gilt als eine der bedeutendsten Raumschöpfungen der deutschen Frührenaissance. In den 30 Räumen des Hauses sind u.a. das bekannte Gemälde vom „Friedensmahl" von Joachim von Sandrart und 120 der schönsten Nürnberger Münzen und Medaillen zu sehen.

NÜRNBERG
Albrecht-Dürer-Haus

Am Tiergärtnertor, Tel.: 0911/2312271
Linie: Stb 4
H: Tiergärtnertor
Ö: wie Fembohaus
E: Erw. 3,- DM, Kinder 1,- DM

In dem Haus von 1450/60 lebte Albrecht Dürer mit seiner Frau Agnes, seiner Mutter und seinen Gesellen von 1509 bis zu seinem Tod am 6. April 1528. Der Maler und Bildhauer arbeitete hier auch, die meisten Werke des größten Sohnes der Stadt Nürnberg entstanden in diesem Haus. Das Dürerhaus ist ein Museum für gotische Wohnkultur, in dem eine Dürer-Bibliothek untergebracht ist. In einem modernen Anbau finden den Wechsel-Ausstellungen statt.

Der größte Sohn der Stadt Nürnberg lebte in diesem Haus: Albrecht Dürer.

NÜRNBERG
Naturhistorisches Museum

Museum der naturhistorischen Gesellschaft, Gewerbemuseumsplatz 4, Tel.: 0911/227970
Linien: Stb 3/8/9
H: Marientor
Ö: Mo, Di, Do, Fr 10-13 u. 14-16 Uhr, So 14-16 Uhr, Mi, Sa u. Feiertag geschl.
Eintritt frei

Der Lehrer Johann Wolf, der Arzt Johann Osterhjausen und der Kupferstecher Jakob Sturm gründeten 1801 die Naturhistorische Gesellschaft Nürnberg e.V., deren Satzung festlegte, Naturprodukte der Gegend um Nürnberg zu sammeln und ein „Naturalienkabinett" einzurichten. Heute zeigt das Museum eine umfangreiche Sammlung von Objekten der Völkerkunde und der Vorzeit.

NÜRNBERG
Spielzeugmuseum

Karlstr. 13-15, Tel.: 0911/233164
Linie: Bus 36
H: Weintraubengasse
Ö: Di-So 10-17 Uhr, Mi bis 21 Uhr
E: Erw. 5,- DM, Kinder 2,50 DM

Bei einer Entdeckungsreise durch die Noris gehört das Museum mit seinen Sammlungen zur Geschichte und Herstellung von Spielzeug in Nürnberg und seiner Umgebung zum Pflichtprogramm für Kinder. Aber auch ältere Besucher stoßen dort immer wieder auf liebenswerte Erinnerungen aus der eigenen Kindheit.

Das Spielzeugmuseum ist also eigentlich eines der sehenswerten Museen in Nürnberg. Leider befand es sich zum Zeitpunkt der Buchrecherchen im Umbau. Der Neubau des Museums war noch nicht vollständig begehbar. Die Räume, in denen Eisenbahnen und Dampfmaschinen untergebracht sind, werden voraussichtlich ab Mitte 1993 eröffnet. Rufen Sie deshalb am besten vorher unter der oben angebenen Telefonnummer an.

NÜRNBERG
Museum Industriekultur

Im ehemaligen Tafelwerk, Äußere Sulzbacher Str. 62, Tel.: 0911/2314672 u. 2313648
Linie: Stb 8
H: Tafelwerk
Ö: Di-So 10-17 Uhr, Mi 10-20 Uhr
E: Erw. 3,- DM, Kinder 1,50 DM

Das ganz andere Museum findet man in Nürnberg an der Äußeren Sulzbacher Straße, 200 m nach dem Ring stadtauswärts. Wer hier hingeht, trifft „alte Begleiter" wieder: alte Wohn- und Ladeneinheiten, Dampfmaschinen usw. - ein Gestern zum Anfassen. Danach lohnt sich ein Besuch in der gemütlichen alten Kneipe.

NÜRNBERG
Schulmuseum

Museum der Universität Erlangen-Nürnberg, Paniersplatz 37/III, Tel.: 0911/208387
Linien: Bus 46/47
H: Maxtor
Ö: Mo, Di, Fr 9-13 Uhr, Mi 9-17 Uhr, So 14-17 Uhr
E: Erw. 2,- DM , Kinder 1,- DM

Schulgeschichte von den Schreib- und Rechenmeistern des Mittelalters bis heute. In den acht Räumen stehen Möbel und didaktisches Material zur Geschichte des Schulwesens. Besonders anschaulich: Schulzeugnisse von Prominenten und Klassenräume aus den zwanziger Jahren.

NÜRNBERG
Technisches Uhrenmuseum

Allersberger Str. 95, Tel.: 0911/463436
Linien: Stb 4/8/9
H: Schweiggerstraße
Ö: Mo-Fr 8.30-12.30 u. 14-18 Uhr, Sa 8.30-13 Uhr
Eintritt frei

MUSEEN

Entwicklungsgeschichte der tragbaren Uhr ab 1510 bis heute (Funkuhren). Eine bemerkenswerte Sammlung von 750 Taschen- und 500 Armbanduhren in den Geschäftsräumen der Firma Gebhardt. Außerdem: alte Werkzeuge zur Uhrenherstellung. Kostenlose Führung für Gruppen nach Vereinbarung.

NÜRNBERG
Historisches Straßenbahndepot

Schloßstr. 1, Tel.: 0911/283-4665
Linien: Stb 4, Bus 36
H: Peterskirche
Ö: jedes 1. Wochenende im Monat, während des Christkindlesmarktes jedes Wochenende, Sa und So 10-17 Uhr (Sonderführungen möglich), im Januar geschl.
E: Erw. 2,- DM, Kinder 1,- DM

Die Sammlung historischer Straßenbahnfahrzeuge von 1881 bis 1960 wird zum Teil bei besonderen Anlässen vom Verein der Freunde Nürnberger-Fürther Straßenbahn e.V. noch eingesetzt. Es gibt neben den Exponaten auch ein „Straßaboh-Cafe" und eine einmalige Straßenbahn-Modellanlage. Siehe dazu auch Kapitel Rundfahrten S. 46/47.

PLEINFELD
Heimat- und Brauereimuseum

Kirchplatz 1, Tel.: 09144/501
Ab Nbg Hbf R 6
Fahrzeit: 31 Min.
H: Pleinfeld Bf
Ö: Ostern-Ende Nov. So 14-16 Uhr
E: Erw. 2,- DM, Kinder 1,- DM

Zur 500-Jahrfeier des Marktes ist 1984 im ehemaligen Vogteischloß ein Heimatmuseum eingerichtet worden, das Handwerkerstuben, Kutschen, Pflüge, Schlitten, Trachten und sakrale Kunstgegenstände präsentiert. Im Dachgeschoß wird alte Brauertradition lebendig, denn dort ist vom Hopfen bis zum alten Bügelverschluß nahezu alles zu sehen, was einst zur Herstellung von Bier nötig war. Braumeister Max Schreiner aus Ellingen hat den Großteil der Sammlung für das erste mittelfränkische Brauereimuseum zusammengetragen.

ROTH
Historischer Eisenhammer

Ortsteil Eckersmühlen, Tel.: 09171/81331
Ab Nbg Hbf R 6 bis Roth, von dort weiter mit R 61 oder Bus 611
Fahrzeit: ca. 40 Min.
H: Eckersmühlen
Ö: April-Okt. Mi-So u. Feiertag 13-17 Uhr
E: Erw. 2,- DM, Kinder 1,- DM

Das Museum Eisenhammer in der romantischen Umgebung des traditionsreichen Hammerwerkes an der Roth ist seit 1986 ein gern besuchtes Ausflugsziel. Es verfügt über eine noch vollständig erhaltene Betriebseinrichtung. Mit den Luft-, Feder- und Fallhämmern kann noch produziert werden. In den Schauräumen wird die Geschichte des Werkes beschrieben, außerdem sind die im Hammer hergestellten Werkzeuge und Geräte ausgestellt.

ROTH
Fabrikmuseum

Otto-Schrimpf-Str. 14, Tel.: 09171/806108 und 806132
Ab Nbg Hbf R 6
Fahrzeit: 29 Min.
H: Roth Bf
Ö: Frühlingsanfang-Ende Okt. Sa u. So 13.30-16.30 Uhr
E: Erw. 2,- DM, Kinder frei

Das Fabrikmuseum in Roth ist in jeder Beziehung ein Phänomen, weil es von einer kleinen und engagierten Gruppe des Historischen Vereins Roth zielstrebig und in kurzer Zeit realisiert wurde. In einem alten Fabrikgebäude werden seit 1988 die Geschichte und die Fertigungsmethoden der leonischen Industrie (Drahtzie-

MUSEEN

Das Museum Eisenhammer zeigt die harte Arbeit in einem Hammerwerk.

herei- und Verarbeitung), mit der die Kreisstadt eng verbunden ist, dargestellt. Zum Prinzip der ehrgeizigen Museumsleute gehört es, daß nahezu alle ausgestellten Maschinen auch vorgeführt werden können. Zu sehen sind weiterhin eine originalgetreue Sanitäranlage, ein Büro sowie in unmittelbarer Nachbarschaft eine Schlosserei und eine kleine Druckerei, die ebenfalls zwischendurch betrieben wird.

THALMÄSSING
Vor- und frühgeschichtliches Museum

Marktplatz 1, Tel.: 09173/9134
Ab Roth Bf Mo-Fr R 61 bis Hilpoltstein, weiter mit Bus 611. Sa u. So ab Roth Bf Bus 611
Fahrzeit: 51 bzw. 60 Min.
H: Thalmässing Marktplatz
Ö: April-Okt. Di-So 10-12 u. 13-16 Uhr
E: Erw. 2,- DM, Kinder 1,- DM

15.000 Jahre Geschichte werden in Thalmässing lebendig. Das vom Landratsamt Roth und der Gemeinde betreute Museum zeigt Funde aus der Mittelsteinzeit bis zu den Bajuwaren (Siehe auch Archäologischer Wanderweg, Kapitel Wandern ab S. 54).

WEISSENBURG (i. Bay.)
Apothekenmuseum

Einhorn-Apotheke, Rosenstr. 3, Tel. 09141/2307
Ab Nbg Hbf R 6
Fahrzeit 38 Min.
H: Weißenburg Bf
Ö: Mo-Fr 8-12 u. 14-18 Uhr und nach Vereinbarung
E: Erw. 2,50 DM, Kinder 2,- DM

Das ungewöhnliche Museum im Kellergewölbe der Einhorn-Apotheke darf man bei einem Besuch in Weißenburg nicht auslassen. Das Apotheker-Ehepaar Binkert hat hier Utensilien seines Berufsstandes angehäuft, die viele Geschichten erzählen. Neben altem Apothekergerät macht man auch Bekanntschaft mit der „Hexenküche", der wohlduftenden Kräuterkammer, die in keiner Apotheke fehlt.

KIRCHEN

Natürlich gibt es in und um Nürnberg mehr sehenswerte Kirchen, als hier angegeben. Aber dieser Führer ist kein Spezialguide. Er soll vielmehr eine Auswahl zahlreicher Freizeitmöglichkeiten bieten. In unserer Auflistung finden Sie neben bekannten Gotteshäusern bestimmt einige außergewöhnliche Kostbarkeiten, für die sich eine Entdeckungsreise lohnt.

ABENBERG
Stilla-Klosterkirche

Mäbenberger Straße, Tel.: 09178/5090
Ab Schwabach Bf Bus 607
Fahrzeit: 21 Min.
H: Abenberg Post
Ö: Klosterkatakomben frei zugänglich, Kirche 6-18 Uhr

Das Kloster Marienburg wurde 1488 gegründet. Heute ist es das deutsche Mutterhaus der franziskanischen Ordensgemeinschaft „Schwestern von der Schmerzhaften Mutter". In der Stilla-Klosterkirche befindet sich das Grab der seligen Stilla, einer Gräfin von Abenberg. Nach einem Brand erhielt die Klosterkirche 1677-85 ihre heutige Form nach Plänen des Eichstätter Hofbaumeisters Jakob Engel. Eine besondere Sehenswürdigkeit sind die Klosterkatakomben (jederzeit zugänglich) und eine Nonnengruft mit 72 Grabnischen aus fünf Jahrhunderten.

ALTDORF
Laurentiuskirche

Marktplatz
Ab Nbg Hbf S 2
Fahrzeit: 33 Min.
H: Altdorf Bf
Ö: 8-18 Uhr oder auf Anfrage unter Tel.: 09187/2431

Die evang. Stadtpfarrkirche hat eine bewegte Baugeschichte: Ab 1370 gebaut, wurde sie 1753 teilweise abgebrochen. Gleich danach wurde an den verbliebenen gotischen Chor das barocke Langhaus angefügt, der Turm erhöht und mit einer Türmerwohnung ausgestattet. Eine teilweise Turmerneuerung erfolgte 1882, und 1955 gab es eine umfassende Kirchenrestaurierung. Der Stuck von 1755 wurde von Franz Anton Augustini aufgebracht, die Steinfiguren neben der Kanzel sind aus der Zeit um 1480, das Chorgitter aus dem Jahre 1694. Das Gotteshaus war Universitätskirche, deshalb wurden an seinem Altar (1717) auch 1100 protestantische Theologen ordiniert.

ANSBACH
St. Gumbertus-Kirche

Johann-Sebstian-Bach-Platz
Ab Nbg Hbf R 7
Fahrzeit: ca. 45 Min.
H: Ansbach Bf
Ö: ständiger Einlaß; Krypta während der Sommermonate Fr, Sa, So 11-12 u. 15-17 Uhr, im Winter Fr, Sa, So nur 11-12 Uhr (Schlüssel beim Kirchner von St. Gumbertus, Joh.-Seb.-Bach-Platz 5)

An der Stelle des karolingischen Gumbertusklosterss wurde die evangelische Stadtpfarrkirche St. Gumbert errichtet. Unter dem Chor befindet sich eine romanische Krypta aus dem 11. Jahrhundert. Die Seitenkapellen und der Chor stammen aus der Zeit von 1501 bis 1523. Die Türme der Kirche sind zum Wahrzeichen der Stadt Ansbach geworden: Zwischen zwei kleineren Türmen steht ein mächtiger Mittelturm, der ab 1594 von Gideon Bacher aus Ulm errichtet wurde. Ab 1736 wurde das Gotteshaus von Leopold Retti umgestaltet, nur die Türme und das Seitenschiff behielten ihre ursprüngliche Form.

In der Schwanenritterkapelle (der Schwanenritterorden wurde 1440 von Markgraf Friedrich II. von Brandenburg gegründet) befinden sich hervorragende Bildwerke und Gemälde. Der Schwanenritterordensaltar ist aus der Zeit um 1500; der Schöpfer des Tafelgemäldes „Christus und der Kelter" ist nicht bekannt, jedoch gibt es zu dem Werk eine Skizze des Renaissancekünstlers Albrecht Dürer. Ein Kruzifix aus dem Anfang des 16. Jahrhunderts, Totenschilde, Glasgemälde und Totenkreuze vervollständigen die Ausstattung der sehenswerten Kapelle. Den Hauptschmuck dieses Ansbacher Kleinods bilden elf Grabsteine.

Besonders hervorzuheben ist die Fürstengruft aus dem 17. Jahrhundert. 25 Sarkophage der Markgrafen und ihrer Familien, die 1975 von der Johanniskirche nach St. Gumbertus verlegt wurden, sind hier zu besichtigen (Öffnungszeiten wie Krypta).

ANSBACH
St. Johannis

Martin-Luther-Platz
Ab Nbg Hbf R 7
Fahrzeit: ca. 45 Min.
H: Ansbach Bf
Ö: 8-18 Uhr

Der Bau der Kirche wurde 1410 begonnen. Eine Besonderheit sind die beiden ungleich hohen Türme, die 1504 und 1508 erbaut wurden. Der Altar von Peter Flötner (1520/25) ist seit der Kirchen-Restaurierung 1971 wieder zu sehen.

EFFELTRICH
St. Georg

Zur Kirchenburg
Ab Erlangen Busbahnhof Bus 208
Fahrzeit: ca. 25 Min.
H: Effeltrich Linde
Ö: 8-18 Uhr

Fast vollkommen erhaltene Wehrkirche aus dem 15. Jahrhundert mit prunkvollem Hochaltar. Neugotische Seitenaltäre mit Relieffiguren (um 1500). Die bemerkenswert gut erhaltene Kirchhofbefestigung ist typisch für spätmittelalterliche Anlagen dieser Art im Regnitzgebiet.

Schon im 14. Jh. wurde die evangelische Pfarrkirche in Altdorf errichtet.

KIRCHEN

ERLANGEN
Hugenottenkirche

Tel.: 09131/25074
Hugenottenplatz
Linien: alle Erlanger Buslinien
H: Hugenottenplatz

Das heutige evang. Gotteshaus war bis 1922 eine französisch-reformierte Kirche in der ehemaligen Hugenottenstadt Erlangen. Sie wurde von Markgraf Christian Ernst gestiftet und von 1686-93 erbaut, wobei der Turm erst in den Jahren 1732-36 hinzukam. Der Bau ist ein hervorragendes Beispiel, wie sich die reformierte Kirche in einen strengen Gegensatz zu den reich ausgestatteten katholischen Gotteshäusern begab.

ERLANGEN
Altstädter (Dreifaltigkeits-) Kirche

Tel.: 0131/25074
Martin-Luther-Platz
Ab Erlangen Bf Busse 286/287/289
Fahrzeit: ca. 6 Min.
H: Martin-Luther-Platz

Die Altstädter Pfarrkirche (Dreifaltigkeitskirche) wurde nach einem Stadtbrand in den Jahren 1706-21 erbaut. Besonders interessant sind die doppelgeschossigen Emporen und der dominante Kanzelaltar.

ERLANGEN
Neustädter (Universitäts-) Kirche

Zwischen Unterer Karlstraße und Friedrichstraße
Linien: alle Erlanger Buslinien
H: Hugenottenplatz
Ö: 8-18 Ulhr (Seitenportal)

Die evang.-lutherische Hallenkirche mit ihren Doppelemporen wurde in der Zeit von 1723-37 errichtet, die Turmobergeschosse kamen 1765, der Helm erst 1830 hinzu. Universitätskirche seit 1837. Die Deckengemälde und Stukkaturen sind von den Leimberger-Brüdern.

FORCHHEIM
St. Martinskirche

St. Martin-Straße
Ab Nbg Hbf R 2
Fahrzeit: ca. 30 Min.
H: Forchheim Bf
Ö: 8-18 Uhr

Die ursprünglich romanische Kirche wurde im 14. Jahrhundert aus- und umgebaut. Von der spätgotischen Ausstattung blieben acht Tafeln (u.a. Martinslegende) aus dem ehemaligen Hochaltar (1480-85) erhalten, die der Schule Michael Wolgemuts zugeschrieben werden. Besonders sehenswert ist außerdem das Holzrelief mit dem Abschied Christi von seiner Mutter (1515-18).

FORCHHEIM
Spitalkirche

Bamberger Straße
Ab Nbg Hbf R 2
Fahrzeit: ca. 30 Min.
H: Forchheim Bf
Ö: 8-18 Uhr

Die Ursprünge der Spitalkirche liegen in einer Antonitenniederlassung des 12. Jahrhunderts. Die im Kern spätmittelalterliche Kirche wurde 1728 umgestaltet.

FÜRTH
St. Michaeliskirche

Kirchenplatz
Ab Fürth Hbf Bus 171/173
Fahrzeit: 6 Min.
H: Grüner Markt
Ö: 10-16 Uhr (sonst beim Messner läuten)

Die bedeutendste Kirche der Stadt Fürth liegt auf einer Uferhöhe über der Rednitz, wurde

Der berühmte Balthasar Neumann entwarf die Gößweinsteiner Basilika.

erstmals 1349 erwähnt und war zeitweise die Mutterkirche von St. Lorenz in Nürnberg (bis 1402). Nach 1400 fanden eine Langhauserweiterung und der Turmbau statt, der Chor kam um 1480 hinzu. Eine Veränderung des Langhauses im Barockstil wurde um 1675 durchgeführt. Die alte Ausstattung des Gotteshauses wurde durch eine neugotische um 1830 ersetzt. Außen an der Kirche sind mehrere Bronze-Epitaphien zu sehen.

FÜRTH
St. Peter und Paul

Fürth-Poppenreuth, Poppenreuther Straße 134
Ab Fürth Hbf Bus 175
Fahrzeit: 16 Min.
H: Poppenreuth
Ö: 8-18 Uhr

St. Peter und Paul ist eine der ältesten Kirchen weit und breit. Sie war bis ins 13. Jahrhundert Mutterpfarrei von St. Sebald in Nürnberg. Der Sage nach soll der heilige Sebald hier gelebt haben. Der Westturm der Kirche ist aus dem 15. Jahrhundert; der Nürnberger Hans Beheim d.Ä. hat 1522 den Chor und das Turmkranzgeschoß vollendet. Der Flügelaltar von 1490-1500 ist vermutlich aus einer Nürnberger Werkstatt.

GÖSSWEINSTEIN
Basilika

Ab Forchheim Bf R 22 oder Bus 221 bis Ebermannstadt, weiter mit Bus 232
Fahrzeit: 49 bzw. 55 Min.
H: Gößweinstein Post
Ö: Sommer 7-20 Uhr, sonst 7 Uhr bis Einbruch der Dunkelheit

Die Wallfahrtskirche zur Hl. Dreifaltigkeit wurde 1730-39 unter Bischof Friedrich Karl von Schönborn nach Plänen von Balthasar Neumann erbaut. Grund für den Bau war der Aufschwung der Wallfahrten im 16. und 17. Jahrhundert. Die Planungen der neuen Kirche, angeblich gab es schon um 1240 eine Pfarrkirche, gehen auf das Jahr 1715 zurück. Ein Dientzenhofer-Entwurf fiel allerdings zu hohen Kosten zum Opfer, auch weitere Pläne wurden deswegen verworfen. Bei der Einweihung 1739 arbeitete man noch am Dekor und an den Gewölben. Nach Münsterschwarzach ist die Gößweinsteiner Basilika der zweite monumentale Sakralbau Neumanns, der das Ortsbild beherrscht und schon aus großer Entfernung als Wahrzeichen des Marktes grüßt. Neben der Kirche ist das schloßartige Pfarrhaus sehenswert, das den Bamberger Bischöfen zeitweise als Sommersitz diente.

KIRCHEN

Östlich der Wallfahrtskirche das Franziskanerkloster, erbaut 1723 unter Bischof Lothar Franz von Schönborn (keine Besichtigung möglich). Die Klosterkirche St. Maria wurde 1630-31 als Friedhofskapelle nach einem Entwurf von Giovanni Bonalino errichtet.

GUNZENHAUSEN
Spitalkirche

Spitalstraße
Ab Nbg Hbf R 6 bis Pleinfeld, weiter mit R 62 oder Bus 621
Fahrzeit: 48 bzw. 63 Min.
H: Gunzenhausen Bf
Ö: Ameldung unter Tel.: 09831/4017

Die heutige Kirche wurde 1700-02 erneuert. Innen sehr schön - mit Stuckarbeiten an der Chor-Langhausdecke von 1701. Im Sommer werden in der Spitalkirche „Zum Heiligen Geist" Konzerte veranstaltet (Konzertprogramm beim Verkehrsamt unter Tel.: 09831/50876).

GUNZENHAUSEN
St. Marienkirche

Nürnberger Straße
Ab Nbg Hbf R 6 bis Pleinfeld, weiter mit R 62 oder Bus 621
Fahrzeit: 48 bzw. 63 Min.
H: Gunzenhausen Bf
Ö: Mai-Sept. 8.30-11.30 Uhr

Die Turmuntergeschosse der evang. Pfarrkirche sind aus dem frühen 13. Jahrhundert, das Langhaus und die Turmobergeschosse wurden in der Zeit von 1448 bis 1496 erbaut. Im Hochaltar Kruzifixus von Guiseppe Volpini (1705).

HEILSBRONN
Ehem. Klosterkirche

Münsterplatz, Tel.: 09872/1297
Ab Nbg Hbf R 7
Fahrzeit: 29 Min.
H: Heilsbronn Bf
Ö: Führungen nach tel. Vereinbarung

Die ehemalige Zisterzienserklosterkirche wurde 1132-49 unter Bischof Otto von Bamberg zunächst für Benediktiner gebaut. Der 85 Meter lange Kirchenraum vermittelt den Eindruck eines nahezu unverfälscht romanischen Gotteshauses. In der zweiten Hälfte des 13. Jahrhunderts wurde der Ostchor erweitert, im 14. Jahrhundert die Ritterkapelle im Westchor angebaut. Von 1412 bis 1433 erfolgte eine Umgestaltung des südlichen Seitenschiffs zu einer zweischiffigen Halle. Eine Freilegung des romanischen Baubestandes erfolgte 1955.

Aus der Fülle der Kirchenausstattung seien nur einige Beispiele genannt: Der doppelflügelige Hochaltar von 1502-03 kommt vermutlich aus der Wolgemut-Werkstatt. In der Altarnische des südlichen Seitenchores steht eine frühgotische Marienstatue aus der Zeit um 1320. Ein Sakramenthaus aus der Werkstatt von Adam Kraft steht am nördlichen Chorpfeiler, auf dem Sandsteinsockel des fünfgeschossigen Aufbaus ist das Jahr 1515 zu lesen. In der Mitte der romanischen Basilika sind die Grablegen und Totenschilde der Hohenzollern zu sehen. Eine Gruft birgt die Gebeine von 21 Mitgliedern des Hohenzollernhauses (nicht zu besichtigen).

HERSBRUCK
Evang. Stadtkirche St. Maria

Nikolaus-Selnecker-Platz
Ab Nbg Hbf R 3
Fahrzeit: 17 Min.
H: Hersbruck (re Pegn) Bf
Ö: 8-18 Uhr

Die Kirche war ursprünglich ein gotischer Bau aus der Zeit des 13.-15. Jahrhunderts. Im 18. Jahrhundert wurde das Gotteshaus barockisiert, 1731 erhöhte man den Turm um ein Stockwerk. Der große Flügelaltar von 1490 mit Szenen aus dem Marienleben und der Passion, wurde 1738 durch einen Barockaltar ersetzt. Der Altar wurde 1866 zerteilt und im Jahre 1961 wieder - nach Ergänzung verlorengegangener Teile - zusammengefügt.

Keine Erfahrung mit Bus und Bahn?

Macht nichts: Ab Seite 147 wird das VGN-System genau erklärt.

KIRCHEN

HERSBRUCK
Spitalkirche St. Elisabeth

Spitalgasse
Ab Nbg Hbf R 3
Fahrzeit: 17 Min.
H: Hersbruck (re Pegn) Bf
Ö: nach Voranmeldung beim Evang. Pfarramt, Tel.: 09151/4025

Die Stiftung des Spitals geht auf das Ende des 14. Jahrhunderts zurück, der Bau der Kirche auf die erste Hälfte des 15. Jahrhunderts. Der Kreuzigungsaltar („Elisabethaltar") ist um 1500 in der Schule des Veit Stoß entstanden. Der Kronleuchter von 1790 besteht aus venezianischem Glas.

HILPOLTSTEIN
Pfarrkirche St. Johann Baptist

Ab Roth Bf R 61 oder Bus 611
Fahrzeit: 16 bzw. 20 Min.
H: Hilpoltstein Bf bzw. Ortsmitte
Ö: 8-17 Uhr

Der Kernbau der katholischen Pfarrkirche St. Johann Baptist ist spätgotischen Ursprungs. 1732 erfolgte die barocke Umgestaltung nach Plänen des Ellinger Deutschorden-Baumeisters Franz Keller. In der Kirche finden sich Kunstwerke aus spätgotischer Zeit.

KALCHREUTH
St. Andreaskirche

Dorfplatz, Tel.: 0911/560929
Ab Nbg Nordostbahnhof R 21 (nur Mo-Fr)
Fahrzeit: 19 Min.
H: Kalchreuth Bf
Ö: Bei schönem Wetter ganztags geöffnet

Die sehenswerte Kirche wurde 1471-97 erbaut und bietet eine seltene Anhäufung von Schätzen: Chor mit gotischem Kreuzgewölbe, Spitzbogenfenster, Kastenaltäre aus der Wolgemut-

Trotz barocker Elemente strahlt die Hilpoltsteiner Pfarrkirche Ruhe aus.

Werkstatt (1498), Sakramentshaus von Gesellen des Adam Kraft (1498). Von außerordentlicher Bedeutung sind die Tonfiguren der zwölf Apostel von 1380. Mehrere Totenschilde aus dem 16. und 17. Jahrhundert. Ausgesprochene Prunkstücke der Kirche sind zwei gotische Wandbehänge von 1470. Neben der Kirche das ehemalige Wasserschloß der Patrizierfamilie Haller aus dem 14. Jahrhundert. Als Freund der Haller war Albrecht Dürer oft hier. In der Schloßgaststätte befindet sich eine Erinnerungsstube an den fränkischen Grafiker Rudolf Schiestl.

LANGENZENN
Evang. Pfarrkirche

- Martin-Luther-Platz
- Ab Fürth Hbf R 12
- Fahrzeit: 22 Min.
- H: Langenzenn Bf
- Ö: tel. Vereinbarung unter 09101/2025

Die ehemalige Klosterkirche vom Ende des 14. Jahrhunderts zeigt sich seit dem 15. Jahrhundert unverändert. Im Jahre 1517 soll der Dominikaner Tetzel in der Klosterkirche gepredigt haben. Zur wertvollen Ausstattung der dreischiffigen Basilika zählen u.a. das Sakramentshaus von Veit Stoß (1513), außerdem Glasmalereien und Fragmente spätgotischer Wandmalereien. Im direkten Anschluß an die Kirche liegt der quadratische Klosterkomplex mit einem Kreuzgang und einem Brunnen.

MARKT ERLBACH
Kilianskirche

- Ab Fürth Hbf R 12
- Fahrzeit: 43 Min.
- H: Markt Erlbach Bf
- Ö: 9-18 Uhr

Markt Erlbach hat eine wehrhafte Kirche, die in ihrer heutigen Gestalt auf das Ende des 14. Jahrhunderts zurückgeht. Im Dreißigjährigen Krieg brannte das Langhaus nieder, ein Neubau wurde 1688 erstellt. Der Turm der Kirche ist eine gelungene Befestigungsanlage mit zwei Meter dicken Mauern. In die oberen Turmgeschosse gelangt man nur über eine einziehbare Brücke vom Dach des Chors aus. Der einzige Zugang ist recht klein gehalten und konnte so in Krisenzeiten gut verteidigt werden.

NÜRNBERG
St. Sebald

- Sebalder Platz
- Linie: Bus 36
- H: Hauptmarkt
- Ö: März-Okt. 9-18 Uhr, Nov.-Feb. 10-16 Uhr

Die Bauarbeiten an St. Sebald begannen um 1225, die Weihe des spätromanischen Mittelschiffs erfolgte 1256. Der untere Teil der Türme und der Westchor wurden um 1273 vollendet. Ihre heutige Gestalt erhielten die Seitenschiffe 1309, als eine Verbreiterung erfolgte. Der spätgotische Hallenchor entstand in den Jahren 1361-79.

Das Äußere der Sebalduskirche überrascht durch zahlreiche Bildwerke: Am Ostchor durch das Schreyer-Landauer-Grabmal von Adam Kraft (1492), das die Leidensgeschichte Christi zeigt. Das Marienportal an der Nordwesttür zeigt ein Relief von 1320 mit einer Mariendarstellung. An der Westseite der Kirche hängt eine große frühbarocke Bronzefigur (1624) des Gekreuzigten, ein Werk von Johann Wurzelbauer. Der Großteil der an den Kirchenwänden eingemauerten Epitaphien wurde durch Kopien ersetzt, die Originale befinden sich im Germanischen Nationalmuseum (siehe Seite 13). Sehenswert sind auch die um 1310 entstandene Darstellung des Jüngsten Gerichts an der Kirchensüdseite und das Brautportal mit seinem Filigranwerk von 1360.

Im Inneren der Kirche dominiert das Grab des Heiligen Sebaldus, des Nürnberger Schutzheiligen. Seine Gebeine liegen in einem Sarg aus dem Jahre 1397. Das kunstvolle Messinggehäuse (1508-19) stammt von Peter Vischer und seinen Söhnen, wurde im Auftrag der Stadt gefertigt und zählt zu den wichtigsten Arbeiten der Erzgießerei. Die Kreuzigungsgruppe am Hauptaltar wurde von Veit Stoß geschaffen (1507-20), ebenso die Andreasstatue (1507) an der Nordwand und die drei Steinreliefs (Abendmahl, Ölberg und Gefangennahme Christi) von 1499. Totenschilde Nürnberger Patrizierfamilien, ein Steinbildwerk von Adam Kraft (Kreuztragung von 1506) und prächtige Glasgemälde aus dem 14. und 16. Jahrhundert ergänzen die reichhaltige Ausstattung der ältesten Nürnberger Kirche.

NÜRNBERG
St. Lorenz

- Lorenzer Platz
- Linien: U 1/11
- H: Lorenzkirche
- Ö: Mo-Sa 9-17 Uhr, So 14-16 Uhr

In der Nürnberger Lorenzkirche hängt der geschnitzte „Engelsgruß" von Veit Stoß.

Der Baubeginn der Lorenzkirche liegt um 1270, Mitte des 14. Jahrhunderts war das Gotteshaus einschließlich seiner großen Fensterrosette fertiggestellt. Weitere Veränderungen erfolgten um 1400 mit dem Ausbau der Türme und dem Anbau mehrerer kapellenartiger Nischen. Mit dem spätgotischen Ostchor wurde das Gebäude 1477 vollendet.

Das Hauptwerk von Veit Stoß, der Engelsgruß (Stiftung von Anton Tucher 1517/18), ist gleichzeitig das bekannteste Kunstwerk des Gotteshauses. Schon allein deswegen lohnt sich ein Besuch in dieser Nürnberger Kirche. Nicht weniger berühmt ist das Sandstein-Sakramentshäuschen von Adam Kraft (gestiftet von Hans Imhoff, geschaffen 1493-96). Die Glasmalereien im Chor zählen zu den schönsten in Deutschland, die Glasgemälde in den Fenstern des südlichen Seitenschiffs sind aus der Hirsvogelwerkstatt, prächtige Altäre sind Stiftungen Nürnberger Patrizier zu verdanken.

Die Lorenzkirche gilt als ein Meisterwerk moderner Denkmalpflege. Sie wurde übrigens im Zweiten Weltkrieg schwer beschädigt und in nur sieben Jahren nahezu vollständig wiederhergestellt.

NÜRNBERG
Frauenkirche

Hauptmarkt
Linien: U 1/11 oder Bus 36
H: Lorenzkirche bzw. Hauptmarkt
Ö: Mo-Sa 9-17 Uhr, So u. Feiertage 12.30-18 Uhr. Tägl. 12 Uhr „Männleinlaufen"

Die Frauenkirche ist die älteste Hallenkirche in Franken und wurde auf Veranlassung Kaiser Karls IV. an der Stelle einer Synagoge in der Zeit von 1352-61 erbaut. Der zierliche Michaelschor wurde während der Zeit von 1506-08 unter der Leitung von Adam Kraft erneuert. Dort im Westchor ist auch das „Männleinlaufen" von 1509 zu sehen. Dieses kunstvolle Uhrwerk läßt jeden Tag um 12 Uhr die sieben Kurfürsten um Karl IV. defilieren und erinnert gleichzeitig an die „Goldene Bulle" - ein Reichsgesetz von 1356, nach dem jeder neugewählte Kaiser seinen ersten Reichstag in Nürnberg zu halten habe. Den Kirchenraum zieren Steinbildwerke von Adam Kraft sowie der ursprünglich der Augustinerkirche gestiftete Tucher-Altar von 1440/45.

NÜRNBERG-KATZWANG
Wehrkirche Unseren lieben Frauen

Rennmühlstraße 14 (Ortsverbindung Katzwang-Schwabach)
Ab Nbg Hbf U 2 bis Röthenbach, von dort weiter mit Bus 62
Fahrzeit: 32 Min.
H: Katzwang Mitte

Das uralte Kirchlein wurde schon vor über 700 Jahren erwähnt, der Friedhof bereits 1298. Die Anlage mit Karner (Beinhaus) und Zehentscheune liegt malerisch an der Rednitz und ist von einer fünf Meter hohen und einen Meter dicken Wehrmauer umgeben. Die Altäre des Gotteshauses sind aus dem 15. Jahrhundert, das sechs Meter hohe Sakramentshaus ist eine Arbeit von Veit Wirsberger.

PRETZFELD
St. Kilian-Kirche

Hauptstr. 21, Tel.: 09194/9521
Ab Forchheim Bf R 22 oder Bus 221
Fahrzeit: 20 bzw. 25 Min.
H: Pretzfeld Bf bzw. Pretzfeld Kirche
Ö: nach Vereinbarung

Die Pfarrkirche St. Kilian zählt mit ihrer prachtvollen Innenausstattung und dem repräsentativen Hauptportal zu den schönsten Kirchen der Fränkischen Schweiz. Das erste Gotteshaus in Pretzfeld war übrigens eine der vierzehn von Karl dem Großen zur Betreuung der Slawen gegründeten Kirchen. Ein anderes Gotteshaus wurde auch in einer bambergischen Urkunde von 1145 schon erwähnt.

Im Zusammenhang mit dem Neubau der Kirche ab 1739 ist ein Vorfall interessant: Der Bamberger Hofarchitekt und Leutnant Michael Küchel, dessen Vorgesetzter Hofbaumeister Balthasar Neumann war, zeichnete für einen Turmeinsturz verantwortlich. Erst 22 Jahre später wurde dieser Vorfall mit einem Vergleich geahndet: Küchel wurde ein Jahr nach der Kirchweihe 1761 dazu verpflichtet, eine bestimmte Summe an das Pretzfelder Pfarramt zu bezahlen.

SCHWABACH
Stadtkirche

Martin-Luther-Platz
Linien: Bus 60/61 und alle Linien des Stadtverkehrs Schwabach
H: Stadtmitte und Schillerplatz
Ö: 8-12 u. 14-18 Uhr

Die Stadtkirche am Martin-Luther-Platz entstand mit finanzieller Unterstützung der Markgrafen und der Mithilfe der Schwabacher Bürgerschaft in der Zeit von 1469-95. Die ungewöhnlich reiche Ausstattung unter dem mächtigen Dach der ursprünglich als Basilika geplanten Kirche läßt sich an dieser Stelle nicht aufzählen. Glanzlicht ist der Hochaltar aus der Dürerzeit, der 1506-08 in der Werkstatt von Wolgemut gefertigt wurde.

Die Schnitzarbeiten der vier Schreinfiguren werden mit Veit Stoß in Verbindung gebracht. Acht weitere Altäre stammen ausnahmslos aus der Zeit von 1450-1520 und entstanden zum Teil unter Mitarbeit der Dürer-Schüler Hans Baldung Grien und Hans Süß von Kulmbach. Glasgemälde aus der Hirsvogel-Werkstatt, ein 14 Meter hohes Sakramentshäuschen von 1505 und Gemäldetafeln des späten Mittelalters ergänzen die Ausstattung dieser sehenswerten Kirche.

SPALT
St. Emmeranskirche

Kirchplatz
Ab Georgensgmünd Bf Bus 606
Fahrzeit: ca. 20 Min.
H: Spalt Bf
Ö: Ostern bis 3.10., 8-18 Uhr, sonst auf Anfrage, Tel.: 09175/281

Die Kirche ist eine der ältesten in Franken, sie ging aus dem 810 erbauten Gotteshaus des Benediktinerklosters hervor. Von der ursprünglich romanischen Anlage aus dem 12. Jahrhundert sind nur noch Reste an der Apsis sichtbar. So bietet sich nach dem Umbau von 1698/99 das Bild einer barocken Kirche.

KIRCHEN

SPALT
St. Nikolaus-Kirche

Stiftsgasse
Ab Georgensgmünd Bf Bus 606
Fahrzeit: ca. 20 Min.
H: Spalt Bf
Ö: Ostern bis 3.10., 8-18 Uhr, sonst auf Anfrage, Tel.: 09175/281

Die zweite Spalter Stiftskirche (erbaut 1302-13) ist die Begräbnisstätte des Nürnberger Burggrafen Konrad II., der Fromme genannt († 1314), und seiner Gemahlin Agnes von Hohenlohe († 1319). Im 18. Jahrhundert wurde das Gotteshaus von dem Ellinger Deutschordensbaumeister Matthias Binder nahezu von Grund auf neu gebaut.

Eine schöne goldene Spitze ziert die Kirche St. Kilian in Pretzfeld.

WEISSENBURG (i. Bay.)
Andreaskirche

Infos beim Verkehrsamt unter Tel.: 09141/907-124
Ab Nbg Hbf R 6
Fahrzeit: 38 Min.
H: Weißenburg Bf
Ö: Schlüssel für den Turm beim Verkehrsamt

Das 1327 geweihte Gotteshaus ist die Hauptkirche der Stadt. Von ihrem Turm aus kann man sehr gut erkennen, daß sich Weißenburg im Kernbereich den Charakter einer mittelalterlichen Stadt bewahrt hat. Dazu zählt die weitgehend erhaltene Stadtbefestigung mit ihren 38 Türmen und das Ellinger Tor - eines der schönsten in Bayern.

Die Kirche selbst ist ein interessantes Beispiel dafür, wie im späten Mittelalter durch schrittweisen Umbau älterer Gotteshäuser neue Stiltendenzen angestrebt wurden. Neben einer ganzen Reihe schöner Altäre sind der Hochaltar (um 1480) und der Sebaldusaltar (1496) zu nennen.

WENDELSTEIN
Allerheiligenkirche

Ortsteil Kleinschwarzenlohe, Rangaustraße
Ab Nbg Frankenstraße Bus 651
Fahrzeit: 27 Min.
H: Kleinschwarzenlohe Hl.-Geist-Kirche
Ö: nach Vereinbarung unter Tel.: 09129/6413

Für Kunstkenner ist die weithin sichtbare Allerheiligenkirche von 1448 mit ihrem Spitzturm ein ausgesprochenes Kleinod. Der spätgotische Flügelaltar von Tilman Riemenschneider aus dem Jahre 1491, der Kathrinenaltar (1488), der Kreuzigungsaltar (1480), Reliquienaltärchen und Totenschilde sind nur einige der Glanzpunkte der Kirche, die dem Patriziergeschlecht der Rieter als Grablege diente.

EINKAUFEN MIT DEM VGN

Über 100 Geschäfte, Cafés und Restaurants tragen die Aktion des VGN mit, unsere Innenstädte immer mehr vom PKW-Verkehr zu entlasten. Sie erstatten deshalb ihren Kunden, die einen gültigen Fahrausweis dabei haben, einen Teil des Fahrpreises. In der Regel ist das bei einem Einkauf von 20.- DM mindestens 1,- DM. Eine kleine Anerkennung für umweltbewußtes Verhalten.

Nürnberg

alpinsport, Sulzbacher Str. 69
Georg Dreßler, Augenoptiker, Hohfelderstr. 4
Bäckerei, Konditorei u. Café Fred Teßmann, Ulmenstr. 14, Filialen Leibnizstr. 29 und Gibitzenhofstr. 107
Die Barbakane am Weißen Turm, Kunst + Handwerk, Ludwigsplatz 19
Johann Baumgärtner jun., Installations-Fachhandel, Johannisstr. 75
Brillen-Studio Ulrike Müller, Schweinauer Hauptstr. 98
Buchhandlung in Johannis, Johannisstr. 87
Café Lolly-Pop, Schneider Gerhard, Nunnenbeckstr. 30
Café Hohe Marter, Horst Schmidt, Schweinauer Hauptstr. 105
Juwelier Christ, Königstr. 8
Juwelier Musiol, Am Plärrer 27
Copycenter Unger, Äußere Laufer Gasse 14
elektroblitzschnelldienst, Leuchten und Elektrokleingeräte, Inh. E. Leidel, Weinmarkt 8
Holzschnitzereien am Aufseßplatz 1
Lydia Engelhardt, Fenster zu Jerusalem, Wiesenstr. 84
Füllhorn, Inh. Andrea Huber, Schweinauer Hauptstr. 37
Restaurante Buon Appetito „Die Gaumenfreude", Inh. Velio Sestu, Gibitzenhofstr. 46
Restaurant „Pelikan", Inh. G. Pasimeni, Gibitzenhofstr. 83
Gaststätte Seitzengarten, Inh. Günter Heerdegen, Schweinauer Hauptstr. 110
Gasthaus „Zur Sonne", Robby Kurz, Schweinauer Hauptstr. 81
Geigenbau Hartmut Weidler, Pirckheimerstr. 92
Damen-Herren Friseur Günther Geisler, Adalbertstr. 1
Blümlein, Herren-Marken-Kleidung, Inh. Heinrich Lehner, Kaiserstr. 38
Modellbahn Herrmann, Inh. Wolfgang Herrmann, Gibitzenhofstr. 17
Modellbahn Ritzer, Inh. Rainer Knoch, Bucher Str. 109
Hotel-Restaurant Fleischmann, Pächter: M. u. H. Polanec, Gibitzenhofstr. 52
kubitzek moden für Damen und Herren, Wiesenstr. 98
Lampen-Rudloff, Gibitzenhofstr. 21
Lichtideen Eckhard Salbert, Pillenreuther Str. 46
Globus, Spezialhaus für Hüte, Mützen, Schirme, Max Bruckner, Dr.-Kurt-Schumacher-Str. 25
Restaurant Mahatma, Indisch-Bengalische Spezialitäten, Troststr. 1
Mode herrmannsdörfer, Schweinauer Hauptstr. 96
Mieder Schmitt, Dessous Wäsche Bademoden, Josephsplatz 15
Musik Lorenz, Breite Gasse 45
Naturkost im Zentrum, Inh. Gitta Kießling, Rotschmiedsgasse 2, Eingang Untere Talgasse
NEW LINE Jeans + Sportwear, Inh. S. Kürschner, Gibitzenhofstr. 38
Obletter Spielwaren, Königstr. 2
Optik Fügerl, Dombühler Str. 9 und Frankenstr. 129
Pickaninny's Boutique, Klaragasse 28
Radio-Esper, HIFI-FERNSEHEN-VIDEO, Schweinauer Hauptstr. 48-50
Radio Fleischer Radiola, Gibitzenhofstr. 99
RAPID,Ihr Schlüssel zur Sicherheit, Landgrabenstr. 131
W. Schaarschmidt, Kinderwagen, Hefnersplatz 1
Schäff-Bräu-Stuben - Salvatore Mereu, Schweinauer Hauptstr. 62
Schörger's Papierkiste, Innere Laufer Gasse 15-17
Spielwaren-Paradies, Inh. W. Bock v. Wülfingen, Gibitzenhofstr. 59
Spielwaren Schweiger, Breite Gasse 64/66
Spiel + Freizeit VIRNICH, Luitpoldstr. 6 und Frankeneinkaufszentrum Langwasser
Schuh-Röttger, Landgrabenstr. 39
Schuhmacherei Gibitzenhof, Inh. Beyerlein, Gibitzenhofstr. 89
Friseurgeschäft Struwwelpeter, Monika Graf, Pilotystr.32
Der Uhrendoktor, Vordere Ledergasse 14
Gardinen-Vetter, Landgrabenstr. 44-48
Uhren-Wallner, Hefnersplatz 4-6
Kunstwerkstätte WEIGL, Innere Laufer Gasse 22 + 27
Weigmann's Young Line, Färberstr. 11, Maximum Wohngesund Binner + Nowak, Marienstr. 7
Video-TV-Stereo Wunderland by HiFi Wünsche GmbH, Wolgemutstr. 2
Yves Rocher, Königstr. 16, An der Lorenzkirche
Zechbauer Herrenausstatter, Karolinenstr. 2-4

Fürth

„Umweltladen", Alexanderstr. 18
Optic Art Eichinger, Ecke Max-/Friedrichstraße
Ingomar Schnatzky, Fernseh-HiFi-Video-Studios, Hirschenstr. 16-18
Stehmann's Modeladen, Hansastr. 22
Juwelen-Vogel, Schwabacher Str. 3
Juwelier Weigmann, Schwabacher Str. 33, Fußgängerzone
Juwelier Wilhelm Weigmann, Uhren & Schmuck, Alexanderstr. 11, City-Center
Krauss, Sanitär, Lüftung, Gasheizung, Blumenstr. 15

EINKAUFEN

Erlangen

Der Achat Laden, Bismarckstr. 28
Der Alpinist GmbH, Innere Brucker Str. 22
Anitas Strickladen, Weiße Herzstr. 10
An- und Verkaufszentrale, Bohlenplatz 22
Bäckerei Pickelmann, Bohlenplatz 15
Bäckerei Pickelmann, Richard-Wagner-Str. 8
Bären-Apotheke, Stintzingstr. 4 (außer Rezept)
Bastlhaisla, Bohlenplatz 11
J. Walter Blohut, Farben Lacke Tapeten, Goethestr. 17
Blues Fashion, Hauptstr. 39
Bonsai und Garten, Zeppelinstr. 11
Bornemann & Schaupp oHG, Hauptstr. 71
Brömme, Mode Hut Trachten, Hauptstr. 32
Copy Center 2000, Sonnenstr. 23 b
Dobrinski-Antik, Wasserturmstr. 12
Elektro-Hetz, Innere Brucker Str. 3
Exquisite Confiserie, Verpackungs-Service,
Claudia Schöpf, Goethestr. 35
Friseur Elitzer, Neustädter Kirchplatz 4-6
Ludwig Endres, Uhrmacher u. Juwelier, Helmstr. 4,
Hauptstr. 55
„Erlanger Gärtla" - Das gemütliche Gasthaus,
Östliche Stadtmauerstr. 4
Fahrradlagen Freilauf, Wilhelminenstr. 19
RADIO-FISCHER GmbH, Radio-Fernsehen-Fachgeschäft,
Am Marktplatz/Hauptstr. 33
Radio-Fischer, Hi-Fi Studio, Heuwaagstr. 7
GALERIE CSONTH, Gemälde-Antiquitäten, Paulistr. 4
Gravier- und Klischeeanstalt, Stempelfabrikation, P. Scholz, Fahrstr. 2
JOJOBA-Naturkosmetik, Goethestr.37
Jeansfachgeschäft, YOU and ME, Goethestr. 62
Jugend und Stil, Hauptstr. 53 (Eingang Kuttlerstr.)
KERAMIK-ATELIER, Heuwaagstr. 16
Klapperstorch, Baby Boutique, Wasserturmstr. 12
KÖNIG Mode, Weidner + König, Hauptstr. 60
Kopierladen, Obere Karlstr. 30
Die Laufmasche, Obere Karlstr. 1
Mode & Kunst, Bohlenplatz 10
MODESTUDIO GmbH, Westl. Stadtmauerstr. 52
Naturwaren Bioparadies, Marquardsenstr. 8
Das Optik Eck, Obere Karlstr. 29
Optik Funk, Am Hagenottenplatz
Pelzsalon, Ledermoden Porsche, Lorlebergplatz
Perlenmarkt mit Knopfecke, Bohlenplatz 12
Pfisters Aquarium, Wasserturmstr. 10
Prisma Kontaktlinsenstudio, Hauptstr. 40
RASIERER ZENTRALE, Goethestr. 24
DER ROTE PUNKT, Futons-Naturmatratzen, Designer-Möbel, Heuwaagstr. 20
Musik Sander, Geigenbaumeister, Bohlenplatz 3 (Noten ausgenommen)
Spielwelt, Uwe Stoephasius, Kuttlerstr. 4
„Stamperl" Pilskneipe, Universitätsstr. 9
„Die Steinplatte", Universitäts-/Krankenhausstr. 7
Stofftruhe, Friedrichstr. 19
Die Töpferwerkstatt, Ohmstraße 2
TRANSFER Nachtcafé, Westl. Stadtmauerstr. 8
Trockenblumen-Studio Elka Raab, Engelstr. 16
Vier Jahreszeiten, Naturwaren GmbH, Heuwaagstr. 6
Vier Jahreszeiten, Naturkost und mehr, Südl. Stadtmauerstr. 16
voilà, mollig frech - modebewußt, Hauptstr. 84
Erika Wenisch, Fachkosmetikerin, Marquardsenstr. 5
Karola Weiß Sportwear, Schiffstr. 12
Wierny, Werkstatt f. Raumausstattung, Kuttlerstr. 9-11
Wilhelm Waber, Inh. Hanne Stadelmann,
Buchbinderei - Schreibwaren, Innere Brucker Str. 5

Schwabach

Bekleidungshaus Stephan, Königstr. 11
Boutique Nicole, Königstr. 15
Buchhandlung Kreutzer, Königsplatz 14
Die Küche - Die Stube, Nürnberger Str. 1
Edeka-aktiv-Kauf, Wittelsbacherstr. 7
Elektro Galsterer, Steinmarktstr. 9
Eisenhandel Prell, Zöllnertorstr. 12a
Foto-Video Winkler, Königstr. 1
Getränke-Madla, Am Pointgraben 5
Herrenmode Tesan, Neutorstr. 8
Herrenmode Fetzer, Königstr. 19
Hosen-Löhr, Königsplatz 25
J A M jeans and music, An der Stadtkirche
Jeansland, Ludwigstr. 12
Juwelier Bayerlein GmbH, Königsplatz
Juwelier Zeller, Ludwigstr. 3
Lampen Köhl, Kappadozia 6
Lederwaren Dasch, Kappadozia 4
Markt 29, Königsplatz 29
Max + Moritz, Fleischbrücke 4
Möbel Klein, Nördl. Ringstr. 3
Mode Frenzel, Ludwigstr. 5
Modeberater V. Hofmann, Ludwigstr. 2
Modehaus Pöllath, Spitalberg 6
OASE Naturwaren, Königstr. 15
Optik - Hörgeräte Meck, Ludwigstr. 8
Optik am Rathaus, Fleischbrücke 5
Optik Rudolph, Kappadozia 2
Parfümerie Jeanette, Zöllnertorstr. 7
Parfümerie-Drogerie Gläsel, Ludwigstr. 4
Paul Rabenstein, Rosenberger Str. 15
Penny Lane, Hindenburgstr. 38
Photo Porst, Königstr. 10
Rahmen- und Bilderladen, Friedrichstr. 4
Reisebüro Wutzer, Am Schillerplatz
Schuhhaus Beck, Kirchgasse 1-3
Schuhhaus Grau, Kappadozia 8
Schuhhaus Hohmann, Königstr. 8
Strehle Moden, Königstr. 22
Spiel + Hobby, Königsplatz 21
Textilhaus Grießhammer, Königstr. 12
Trachten Seidel, Königsplatz 25
Uhren Schmuck Gooss, Königstr. 14
Wäsche-Moden Kessler, Königstr. 5
Zweirad & Sportcenter, Nördliche Ringstr. 15a
Zweirad-Halbmeier, Ludwigstr. 1-3

STÄDTE UND GEMEINDEN IM VGN-GEBIET

Zum Gebiet des Verkehrsverbundes Großraum Nürnberg gehören insgesamt 169 Städte und Gemeinden. Wir haben hier alle Orte aufgelistet, die im vorderen Teil mit Freizeitzielen vertreten sind - und weitere beliebte Ausflugsorte im VRN-Gebiet.

ABENBERG

Vorwahl 09178, ca. 3.600 E., Kreis Roth. Stadtverwaltung: 09178/711

Reizendes altes Frankenstädtchen an der Burgenstraße in landschaftlich idyllischer Lage am Fuße der von Wolfram von Eschenbach besungenen Burg. 1040 gegründet, Stadtrechte Mitte des 14. Jahrhunderts. Die Burg wird zur Zeit restauriert.

Burg (96f), Klöppelmuseum (116), Klosterkirche (124)

ABSBERG

Vorwahl 09175, ca. 1200 E., Kreis Weißenburg-Gunzenhausen. Gemeindeverwaltung 09175/1710

Schmucke Gemeinde mit schöner Aussicht auf den Brombachsee. Ehemaliges Deutschordensschloß (1723/24) mit Ordenskapelle, heute Pfarrkirche.

Neues Fränkisches Seenland (16f)

ALFELD

Vorwahl 09157, ca. 800 E., Kreis Nürnberger Land. Gemeindeverwaltung: 09157/236

Von bizzaren Felsen umgebener 1000jähriger Ort im Albachtal. Alfeld ist wegen seiner hervorragenden Wurstwaren bekannt.

ALLERSBERG

Vorwahl 09176, ca. 7.800 E., Landkreis Roth. Marktverwaltung: 09176/509-24

1254 erstmals genannt. 1323 erhält „Airsperch" Markt- und Befestigungsrechte. Reizvoller, langgezogener Marktplatz mit Cafés und Gaststätten in hochgiebeligen Bürgerhäusern. Insgesamt 25 Ortsteile, darunter Appelhof (Jagdschlößchen des Grafen Faber-Castell) und einige Dörfer am neuen Rothsee.

Faschingszug (88), Radverleih (30), Wandern (54)

ALTDORF

Vorwahl 09187, ca. 14.000 E, Kreis Nürnberger Land. Verkehrsamt: 09187/807-122

Am Rande des Lorenzer Reichswaldes. 1949 Entdeckung von sieben Reihengräbern aus der Merowingerzeit. Erstmals 1281 als Reichshofmark erwähnt, 1387 als Stadt bezeichnet. Gründung des Nürnberger Gymnasiums 1575, später Akademie und 1622 Erhebung zur Universität. Der berühmteste Student war 1599/1600 Wallenstein, das Universalgenie Gottfried Wilhelm Freiherr von Leibnitz machte hier 1666 seinen juristischen Doktor. 1806 wurde Altdorf bayerisch, 1809 Auflösung der Universität. Heute noch Wehrmauer, trutzige Stadttore und schmucke Fachwerkhäuser.

Bauernmarkt (53), Ehemaliges Universitätsgebäude (111), Laurentiuskirche (124), Löwengrube (40), Wandertouren zu Fuß (Grünsberg) (54)

ANSBACH

Vorwahl: 0981, ca. 40.000 E., Kreis Ansbach. Städtisches Verkehrsamt: 0981/51-243

Sitz der Regierung von Mittelfranken. Aus der Klostergründung „Onoldisbach" im 8. Jahrhundert gewachsen, 1165 erster Mauerring. 1221 Stadt, markgräfliche Residenz seit 1456 und nachfolgend beachtliche städtebauliche Leistungen. 1791 wurde Ansbach preußisch, 1806 bayerisch.

Bachwoche (64), Bauernmarkt (53), Freizeitbad Aquella (24), Galerien (19), Hofgarten und Orangerie (105), Markgrafenmuseum (116), Markgräfische Residenz (97), Naturpark Frankenhöhe (60), Rokokospiele (64), St. Gumbertus-Kirche (124f), St. Johannis (125), Wallensteinfestspiele (66), Radwandertouren (57)

BAIERSDORF

Vorwahl 09133, ca. 6.000 E., Kreis Erlangen-Höchstadt. Stadtverwaltung: 09133/77900

Baiersdorf wurde 1062 erstmals urkundluch erwähnt und 1353 durch die Nürnberger Burggrafen zur Stadt erhoben. Sehenswert sind die Evangelische Stadtkirche aus dem 14. Jahrhundert, der Judenfriedhof und das Rathaus. Die hausierenden „Krenweiblein" sind weitbekannt.

Wandertouren mit dem Rad (57)

STÄDTE UND GEMEINDEN IM VGN-GEBIET

BETZENSTEIN

Vorwahl: 09244, ca. 2.500 E., Kreis Bayreuth. Verkehrsamt: 09244/264

Malerisches Städtchen mit zwei Burgen (Privatbesitz) inmitten waldreicher Erholungslandschaft des Naturparks Fränkische Schweiz.

Aussichtspunkt Schmidtberg (43), Radverleih (30), Tiefer Brunnen (50)

BURGTHANN

Vorwahl 09183, ca. 10.000 E., Kreis Nürnberger Land. Gemeindeverwaltung: 09183/4010

Beliebtes Ausflugsziel mit idealen Wandermöglichkeiten. Burganlage aus dem 12. Jahrhundert. Hier verbrachte der berühmt-berüchtigte Ritter Eppelein von Gailingen einige Tage im Verließ.

Ludwig-Donau-Main-Kanal (49)

CADOLZBURG

Vorwahl 09103, ca. 4.800 E., Kreis Fürth. Marktverwaltung: 09103/50936

Beliebter Ausflugsort der Nürnberger und Fürther mit vielen Wandermöglichkeiten in den ausgedehnten Wäldern. Burg aus der Mitte des 12. Jahrhunderts, zur Zeit umfassende Sanierungsarbeiten (teilweise schon wieder Nutzung für Konzerte). Außerdem stattliches Rathaus (17. Jh.) und teilweise erhaltene Marktbefestigung aus dem 15. Jahrhundert.

Aussichtsturm in der Hohenzollernburg (43)

EBERMANNSTADT

Vorwahl: 09194, ca. 4.000 E., Kreis Forchheim. Verkehrsamt: 09194/50640

Das tausendjährige Städtchen ist ein beliebter Erholungsort im unteren Wiesenttal.

Erlebnisbad (24), Fränkische Fliegerschule Feuerstein (24), Museumsbahn (11), Radverleih (30)

EFFELTRICH

Vorwahl: 09133, ca. 2.100 E., Kreis Forchheim. Rathaus: 09133/851

Das „südwestliche Tor zur Fränkischen Schweiz", reizvoll am Fuße des Hetzlas gelegen. 1121 erstmals erwähnt, gewerbsmäßiger Obstbau und Obstbaumzucht seit Mitte des 17. Jahrhunderts. Bekannt wegen seiner Volkstrachten und seines alten Brauchtums.

Obstbaumkulturen (109), St. Georg (125), Tausendjährige Linde (109)

EGLOFFSTEIN

Vorwahl: 09197, ca. 2.000 E., Kreis Forchheim. Tourist Information: 09197/202

Egloffstein ist einer der schönstgelegenen Luftkurorte im verträumten Trubachtal. Das Städtchen wird überragt von der Stammburg der Grafen und Freiherren von Egloffstein.

Osterbrunnen (50), Wildgehege Hundshaupten (36)

ELLINGEN

Vorwahl: 09141, ca. 3.400 E., Kreis Weißenburg-Gunzenhausen. Verwaltungsgemeinschaft: 09141/4050

Altes, reizvolles und stilreines Barockstädtchen im Naturpark Altmühltal.

Deutschordensschloß/Museum (97), Limes (18)

EMSKIRCHEN

Vorwahl: 09104, ca. 5.200 E., Kreis Neustadt Aisch - Bad Windsheim. Rathaus: 09104/1081

Anmutiger Marktflecken im Aurachtal mit reizvoller Umgebung. Erste Erwähnung von „Empichiskirchen" im Jahre 1156.

Rundfunkmuseum in Brunn (117)

ERLANGEN

Vorwahl: 09131, ca. 102.000 E., kreisfrei. Verkehrsverein Erlangen: 09131/25074

Erlangen ist Universitäts-, Industrie- und Kongreßstadt; ehemalige Residenz der Markgrafen von Brandenburg-Bayreuth; Hugenottenstadt. 1002 wird „Erlangon" als Dorf erstmals erwähnt, 1361 läßt Kaiser Karl IV. südlich davon die Stützpunktstadt Erlangen errichten. Unter Markgraf Christian-Ernst entsteht 1686 für die Hugenotten die barocke Neustadt „Christian-Erlang". Der Anschluß an die Eisenbahn schafft 1844 die Voraussetzung für die Industrialisierung der Stadt. Mit insgesamt über 180 Kilometern Fahrradwege im Stadtgebiet ist Erlangen eine der radfahrerfreundlichsten Städte im gesamten Bundesgebiet

STÄDTE UND GEMEINDEN IM VGN-GEBIET

Altstädter (Dreifaltigkeits-) Kirche (126), Aromagarten (107), Bergkirchweih (90), Biergärten (83), Bobby McGees (70), Botanischer Garten (107), Brazil (76), Café Schiffstraße (76), Clima (74), Dechsendorfer Weiher (48), Druckhaus (70), Einkaufen (135), E-Werk (84), Fifty-Fifty (84), Figurentheater-Festival (64), Galerien (19), Hugenottenkirche (126), Intermezzo (70), Markgrafentheater (67), Neustädter (Universitäts-)Kirche (126), Ostereiermarkt (53), Poetenfest (64), Radverleih (30), Schiffahrt Main-Donau-Kanal (47), Schloß Atzelsberg (98), Schloß und Orangerie (97f), Schloßgarten (107), Stadtmuseum (117), Theater Garage (67)

ETZELWANG

Vorwahl: 09663, ca. 1.400 E., Kreis Amberg-Sulzbach. Gemeindeverwaltung: 09663/1238

Malerischer Urlaubsort zwischen Felsenbergen im Veldensteiner Forst. In der Nähe die Burgen Rupprechtstein und Neidstein.

Lehentalbahn (36)

FEUCHT

Vorwahl: 09128, ca. 13.000 E., Kreis Nürnberger Land. Marktverwaltung: 09128/141

Im Lorenzer Reichswald gelegen, ein idealer Ausgangspunkt für Wanderungen im Schwarzachtal. Es gibt hier drei reichsstädtisch-nürnbergische Patrizierschlößchen: Zeidlerschloß (Mittlerer Zeidlerweg 8), Pfinzing-Schloß (Pfinzingstr. 10) und Tucher-Schloß (Hauptstr. 70).

Hermann-Oberth-Raumfahrt-Museum (117f), Zeidelmuseum (117)

FORCHHEIM

Vorwahl 09191, ca. 24.000 E., kreisfrei. Verkehrsamt: 09191/84338

Forchheim ist das westliches Eingangstor zur Fränkischen Schweiz an der Mündung der Wiesent in die Rednitz. Als fränkische Siedlung Mitte des 8. Jahrhunderts gegründet, 100 Jahre später Reisepfalz für die Aufenthalte fränkischer Könige. Ausbau zur Stadt im 12./13. Jahrhundert. Viele Fachwerkhäuser und Teile des Festungsringes sind nach italienischem Vorbild gebaut.

Annafest (90), Bastionen und Parkanlagen (107), Naturparks Fränkische Schweiz/Veldensteiner Forst (60f), Pfalzmuseum (118), Radverleih (30), Rathaus (111), Schiffahrt Main-Donau-Kanal (47), Spitalkirche (126), St. Martinskirche (126)

FREYSTADT

Vorwahl 09179, ca. 7.000 E., Kreis Neumarkt. Stadtverwaltung: 09179/5017

Freystadt am westlichen Rand des Oberpfälzer Jura zeigt das harmonische Bild einer mittelalterlichen Stadtanlage mit langgestrecktem Marktplatz und zwei Stadttoren.

FÜRTH

Vorwahl 0911, ca. 107.000 E. kreisfrei. Amt für Wirtschaftsförderung: 0911/974-1292

Fränkischer Königshof in karolingischer Zeit, vermutlich im Gänsberg-Bereich. 1007 überläßt Heinrich II. locus furti dem neugegründeten Bistum Bamberg. Anfang des 14. Jahrhunderts Dreiherrschaft, Bistum Bamberg/Markgrafen von Ansbach/Reichstadt Nürnberg, und dadurch Streit um Hoheitsrechte. Im 17. Jahrhundert überwiegt der ansbachische Herrschaftsanteil, im 18. Jahrhundert erlebt die Stadt einen wirtschaftlichen Aufschwung durch französische und niederländische Emigranten. 1792 wurde Fürth preußisch, 1806 bayerisch. Danach erfolgte eine sprunghafte Entwicklung zur Industriestadt: Erste Deutsche Eisenbahn zusammen mit Nürnberg (1835), Anschluß an den Ludwigs-Donau-Main-Kanal (1843). Heute ist Fürth ein lebendiges Industrie- und Handelszentrum, die Leistungen bei der Stadtsanierung sind beispielhaft.

Alte Veste (47), Biergärten (83), Café Fürst (84), Centaurenbrunnen (50), Czurda-Off-Theater (68), Einkaufen (134), Galerien (19), Hornschuchpromenade/Königswarterstraße (112), Jüdischer Friedhof (59), Kitsch (74), Michaelis Kirchweih (94), Molly Malones (77), Rathaus (112), Schiffahrt Main-Donau-Kanal (47), Schloß Burgfarnbach (98), Simons Bistro Galerie (77), St. Michaeliskirche (126f), St. Peter und Paul (127), Stadtmuseum Fürth (118f), Stadtpark (107), Stadttheater (68), The Rock (77)

GÖSSWEINSTEIN/ BEHRINGERSMÜHLE

Vorwahl 09242, ca. 1.200 E., Kreis Forchheim. Verkehrsamt: 09242/265

Zauberhafter Luftkurort auf der Höhe der Fränkischen Schweiz, von Mischwäldern umgeben. Behringersmühle im Talkessel der Wiesent, des Ailsbaches und der Püttlach.

Basilika (127f), Burg (98f), Radverleih (30f)

GRÄFENBERG

Vorwahl: 09192, ca. 3.900 E., Kreis Forchheim. Verw.gem.: 09192/709-0

Romantisches Städtchen mit malerischem Marktplatz, Rathaus, drei Stadttoren, Stadtmauerresten und sehenswerter Stadtpfarrkirche aus dem 13. Jahrhundert mit Türmerwohnung.

Kunigunden-Linden (109), Osterbrunnen (50), Wandertouren zu Fuß (54)

GREDING

Vorwahl 08463, ca. 6.000 E., Kreis Roth. Verkehrsamt: 08463/233

Alte romantische Stadt und ruhige Sommerfrische im Tal der Schwarzach. Inmitten der hervorragend erhaltenen Stadtbefestigung die sehenswerten Kirchen St. Jacobus und St. Martin, das Fürstbischöfliche Schloß und das Rathaus.

GROSSHABERSDORF

Vorwahl 09105, ca. 3.400 E., Kreis Fürth. Verwaltungsgemeinschaft: 09105/822

Ruhige idyllische Lage an der Einmündung des Schlauersbaches in die Bibart. Große Wälder, gute Wandermöglichkeiten, stattliche Fachwerkhäuser (Gasthaus zum Roten Roß 1444 erwähnt), gotische Kirche mit wertvollen Glasfenstern (1430).

GUNZENHAUSEN

Vorwahl: 09831, ca. 17.000 E., Kreis Weißenburg-Gunzenhausen. Verkehrsamt: 09831/50876

Einst römisches Kastell in idyllischer Lage an der Altmühl. Reste des Rätischen Limes im Burgstallwald und in der Umgebung. Stadtgründung um 800. Zentrum des Fränkischen Seenlandes.

Altmühlsee (17), Bade-Freizeit-Zentrum Juramare (24), Blasturm/Färberturm (44), Bootsverleih (17), Brombachsee (16), Busfahrten (46), Flugplatz Reutberg (34), Fränkisches Seenland (16f.), Kutschfahrt (46), Markgräfliches Jagdschloß (99), Radverleih (31f), Rothsee (16), Spitalkirche (128), St. Marienkirche (128), Städtisches Museum (119)

HAPPURG

Vorwahl: 09151, ca. 3.800 E., Kreis Nürnberger Land. Gemeindeverwaltung: 09151/3056

Staatlich anerkannter Erholungsort mit behäbigen Bauernhäusern, umrahmt von dichtbewaldeten Bergen. Hopfen und Obstanbau.

Arzbergturm (44), Keltische Ringwallanlage „Houbirg" (113), Stausee (48f)

HARTENSTEIN

Vorwahl: 09152, ca. 600 E., Kreis Nürnberger Land. Gemeinde Hartenstein: 09152/1292

Kleiner, reizender Ort, am Fuße der gleichnamigen Burg, mit schönen Wanderwegen.

Osterfeuer (88), Petershöhle (40f), Vogelsuppen-Essen (93)

HEILIGENSTADT

Vorwahl: 09198, 3.700 E., Kreis Bamberg. Verkehrsbüros: 09198/721

Der Hauptort des romantischen Leinleitertals hat einem sehenswerten Ortskern mit Fachwerkhäusern. Zu der Froßgemeinde gehören insgesamt 23 Dörfer. Ausgedehntes Wanderwegenetz.

Abenteuerspielplatz (36), Burg Greifenstein (99f), Osterbrunnen/Ostersingen (88f), Radverleih (32)

HEILSBRONN

Vorwahl: 09872, 8.200 E., Kreis Ansbach. Verkehrsamt: 09872/806-19

Die „Fränkische Münsterstadt" im historischen Rangau wurde im 8. Jahrhundert gegründet. 1132 Stiftung eines Klosters, dessen Zisterziensermönche es im Mittelalter zu einem „Bronnen des Heils" werden ließen. Bedeutendes Münster mit wertvollen Werken Nürnberger Künstler (Krafft, Stoß, Dürer u.a.), Grablege der Hohenzollern und fränkischer Adelsgeschlechter. Hübsche Fachwerkhäuser.

Ehem. Klosterkirche (128)

HENFENFELD

Vorwahl 09151, ca. 1.400 E., Kreis Nürnberger Land. Verkehrsamt: 09151/4755

Hübscher mittelalterlicher Ort und Sommerfrische im Hammerbachtal mit Pfarrkirche auf Fundamenten aus dem 13. Jahrhundert. Auch eine Burg gibt es zu besichtigen.

HEROLDSBACH

Vorwahl 09190, ca. 4.500 E., Kreis Forchheim. Gemeindeverwaltung: 09190/571

1007 erstmals genannt; nach dem Zweiten Weltkrieg durch angebliche Marienerscheinungen berühmt gewordenes Dorf. Schloß Thurn, aus ehemaliger Wasserburg entstanden.

Freizeitpark Schloß Thurn (36f)

HEROLDSBERG

Vorwahl 0911, ca. 7.300 E., Kreis Erlangen-Höchstadt. Gemeindeverwaltung: 0911/56657-0

Alter Marktort am Nordrand des Sebalder Waldes, der seinen mittelalterlichen Charakter weitgehend bewahrt hat. Gemütliche Wirtshäuser (bereits 1500 gab es hier acht Schankstätten und sechs Bierbrauereien!), Ziehbrunnen, alte Backöfen. Evang. Pfarrkirche im Kern 12./13. Jahrhundert.

Vier Geuder-Schlösser (100)

HERSBRUCK

Vorwahl: 09151, ca. 12.000 E., Kreis Nürnberger Land. Verkehrsamt: 09151/4755

Altertümliches Städtchen, Hauptort der Frankenalb mit idyllischen Winkeln und schönen Fachwerkhäusern. Entstehung des Ortes im 8. Jahrhundert, 1003 erste urkundliche Erwähnung. Im Zuge des Bayerischen Erbfolgekrieges wird die Stadt 1504 dem Territorium der Reichsstadt Nürnberg einverleibt und kommt erst 1806 wieder zu Bayern zurück. Aufschwung und Anfänge einer industriellen Entwicklung durch die Bahnlinien Nürnberg-Amberg und Nürnberg-Bayreuth.

Burg Hohenstein (100), Deutsches Hirtenmuseum (119), Evang. Stadtkirche St. Maria (128), Schloß (100), Spitalkirche St. Elisabeth (129)

HERZOGENAURACH

Vorwahl: 09132, 21.000 E., Kreis Erlangen-Höchstadt. Stadtverwaltung: 09132/9010

Türme, Fachwerkhäuser und das Rathaus prägen das Bild der Stadt an der Aurach. Hervorgegangen aus einem fränkischen Königshof, 1002 erstmals urkundlich erwähnt. Durch eine Schenkung Heinrichs II. wird „Uraha" 1021 bambergisch und bleibt es bis 1803. Durch die Sportschuhproduktion ist die Stadt an der Nahtstelle des alten Rangau und des Naturparks Steigerwald weltberühmt.

Atlantis Freizeitbad (24)

HILPOLTSTEIN

Vorwahl 09174, ca. 8.500 E., Kreis Roth. Stadtverwaltung: 09174/511

Kulturell und sportlich ambitionierte Stadt am Main-Donau-Kanal in unmittelbarer Nähe des Rothsees. Burganlage aus dem 12. Jahrhundert, stadtmäßiger Ausbau um 1300 durch Hilpolt von Stein. Burgruine zur Zeit geschlossen.

Burgfest (91), Ironman Europe (23), Pfarrkirche St. Johann Baptist (129)

HIRSCHBACH

Vorwahl: 09152, ca. 1.700 E., Kreis: Sulzbach-Rosenberg. Verkehrsverein: 09152/8092

Typische Sommerfrische in der Hersbrucker Schweiz, umgeben von großartigen Wäldern und Felskuppen. Es gibt hier rund 200 Kilometer gut markierte Wanderwege.

Höhlenrundweg (41), Wandertouren zu Fuß (55)

HÖCHSTADT A.D. AISCH

Vorwahl 09193, ca. 8.800 E., Kreis Erlangen-Höchstadt. Stadtverwaltung: 09193/400

Altes Städtchen im Aischgrund mit erhaltener Befestigung. Zentrum der Karpfenzucht. Im Jahre 905 erstmals erwähnter Grafensitz, Stadtrechte Anfang des 14. Jahrhunderts. Sehenswert dreiflügelige barocke Schloßanlage mit Innenhof (Brunnenhäuser), Heimatmuseum, St. Georgskirche, Spitalkirche St. Anna und alte Aischbrücke 17./18. Jahrhundert.

Wellenfreibad (24)

KALCHREUTH

Vorwahl 0911, ca. 2.900 E., Kreis Erlangen-Höchstadt. Gemeindeverwaltung: 0911/560824

Der Ausflugsort liegt am Rande eines Höhenrückens im Sebalder Reichswald und bietet eine herrliche Aussicht auf die wellige Gegend nördlich von Nürnberg. Von Albrecht Dürer in zwei berühmten Aquarellen dargestellt. Ein Besuch ist besonders zur Zeit der Kirschblüte im Mai empfehlenswert.

St. Andreaskirche (129)

KIRCHENEHRENBACH

Vorwahl 09191, ca. 1.800 E., Kreis Forchheim. Gemeindeverwaltung: 09191/2375

Beliebter Ausflugsort am Fuße des „Walberla" gelegen. Alljährlich am 1. Sonntag im Mai Frühlingsfest auf dem Walberla

KIRCHENSITTENBACH

Vorwahl 09152, ca. 2.100 E., Kreis Nürnberger Land. Gemeindeverwaltung: 09151/94647

Malerisches Schloß mit rot-weiß gestrichenen Fensterläden, in der Pfarrkirche prächtige Glasgemälde mit den Wappen Nürnberger Patrizier.

LANGENZENN

Vorwahl: 09101, ca. 9.400 E., Kreis Fürth. Stadtverwaltung: 09101/703-0

Stadt mit reicher 1000jähriger Vergangenheit. Der gotische Kreuzgang ist einzigartig in Franken. Ausgesprochen lebendiges Kulturleben.

Altstadtfest (93), Evang. Pfarrkirche (130)

LAUF

Vorwahl: 09123, ca. 25.000 E., Kreis Nürnberger Land. Fremdenverkehrsverein: 09123/184113

Altes mittelfränkisches Städtchen an der Pegnitz. Geschlossener Marktplatz mit Giebelhäusern und freistehendem Rathaus. Mitte des 13. Jahrhunderts Entstehung einer Siedlung an der Ostwest-Handelsstraße Prag-Nürnberg, Stadtrechte durch Karl IV. ab 1355, von 1504 an wurde Lauf auf Dauer von 300 Jahren nürnbergisch. Zu Lauf gehört eine Reihe schmucker, typisch fränkischer Dörfer.

Felsenkeller (113), Galerie (19), Industriemuseum (119), Kaiserburg (101), Kunigundenfest (90)

LICHTENAU

Vorwahl: 09827, ca. 3.700 E., Kreis Ansbach. Gemeindeverw.: 09827/831

Der Ort an der Burgenstraße liegt im Tal der Fränkischen Rezat, den Kern bildet eine ehemalige Wasserburg. Die Befestigung erinnert an die Nürnberger Stadtumwallung und den Sinwellturm. Tatsächlich gehörte Lichtenau, erstmals 1264 urkundlich erwähnt, von 1406 bis 1806 als vorgeschobenes Bollwerk gegen die Markgrafschaft Ansbach zur Reichsstadt Nürnberg. Heute befindet sich in der Festung eine Außenstelle des Staatsarchivs.

Festung (101f)

MARKT ERLBACH

Vorwahl: 09106, ca. 4.800 Einwohner, Kreis Neustadt Aisch - Bad Windsheim. Marktverwaltung: 09106/755

Geschichtsträchtige Gemeinde (erste urkundliche Erwähnung 815) in waldreicher Gegend des Naturparks Frankenhöhe. Die Wehrkirche St. Kilian aus dem 14. Jahrhundert bietet kunsthistorische Leckerbissen. Sehenswert das Handwerkermuseum im alten Pfarrhaus.

Kilianskirche (130), Naturpark Frankenhöhe (60)

MÖHRENDORF

Vorwahl 09131, 4000 E., Kreis Erlangen-Höchstadt. Gemeindeverwaltung 09131/41081

Bekannt durch seine Wasserschöpfräder an der Regnitz. Diese technischen Errungenschaften gab es bereits im frühen 15. Jahrhundert (die vorhandenen sind allerdings nicht so alt). Evang. Pfarrkirche aus dem 15. Jahrhundert.

MUGGENDORF/STREITBERG (Gemeinde Wiesenttal)

Vorwahl 09196, ca. 2.000 E., Kreis Forchheim. Verkehrsamt Muggendorf: 09196/335 (Streitberg 224)

Die von pittoresken Felsen und großen Wäldern umgebenen Luftkurorte liegen malerisch im Tal der Wiesent. Die Burgruinen Neideck und Streiberg sind interessante Aussichtspunkte. Evang. Pfarrkirche aus dem 17. Jahrhundert.

Binghöhle (42)

NEUENDETTELSAU

Vorwahl 09874, ca. 7.100 E., Kreis Ansbach. Verkehrsamt: 09874/5020

Novamare Erlebnisbad (26)

NEUHAUS A.D. PEGNITZ

Vorwahl: 09156, ca. 3.150 E., Kreis Nürnberger Land. Verkehrsamt: 09156/627

Am Südrand des wildreichen Veldensteiner Forstes im oberen Pegnitztal gelegen.

Burg Galerie (19), Burg Veldenstein (102), Maximiliansgrotte (41), Radverleih (32)

NEUKIRCHEN b. Sulzbach-Rosenberg

Vorwahl: 09663, ca. 2.900 E., Kreis Amberg-Sulzbach. Gemeindeverwaltung: 09663/555

In einem von Felsen umgebenen Tal gelegene Sommerfrische. Ausgangspunkt schöner Rad- und Wanderwege. Neubarocke Pfarrkirche mit spätgotischem Altarschrein.

Internationales Mountainbike-Rennen (20), Osterhöhle (41), Radverleih (32), Segelflugplatz Fichtelbrunn (34), Wandertouren mit dem Rad (57)

NEUMARKT

Vorwahl: 09181, ca. 36.500 E., Kreis Neumarkt. Ordnungsamt: 09181/90481

Naherholung und Fremdenverkehr spielen in der schmucken Kreisstadt eine immer größere Rolle. Als Mittelpunkt des oberpfälzer Jura bietet Neumarkt vielfältige Freizeit- und Kultureinrichtungen und für eine Stadt dieser Größenordnung eine bemerkenswerte Veranstaltungsvielfalt.

Bauernmarkt (53), Jurafest (92), Modelleisenbahn-Museum (37), Tour de Baroque (31), Wandertouren mit dem Rad (58)

NEUNKIRCHEN AM BRAND

Vorwahl: 09134, ca. 6.900 E., Kreis Forchheim. Gemeindeverwaltung: 09134/7050

Sommerfrische am Fuße des Hetzlas und an den Ausläufern der Fränkischen Alb gelegen. Fränkisches Ortsbild, Stadtmauerreste mit drei Toren.

NEUSTADT A.D. AISCH

Vorwahl: 09161, ca. 12.500 E., Kreis Neustadt Aisch - Bad Windsheim. Kultur- und Fremdenverkehrsamt: 09161/66614

Im Aischgrund zwischen Frankenhöhe und Steigerwald gelegen. Aus dem fränkischen Königshof Riedfeld hervorgegangen, 1285 wird „Nivenstat" urkundlich genannt. Unter den hohenzollerischen Landesherren war Neustadt Nebenresidenz im Fürstentum Brandenburg-Kulmbach-Bayreuth, Ende des 18. Jahrhunderts wurde das Gebiet preußisch, gehörte kurzzeitig zu Frankreich und fiel 1810 an Bayern.

Bauernmarkt (53), Heimatmuseum (119f), Naturpark Steigerwald (60), Radverleih (32), Rathaus (113), Volksfest (89), Wandertouren mit dem Rad (58)

NÜRNBERG

Vorwahl 0911, ca. 500.000 E., kreisfrei. Congress- und Tourismus-Zentrale Nürnberg: 0911/2336-0

Mit der Freisprechung der Leibeigenen Sigena durch Heinrich III. und einer Urkunde aus dem Jahre 1050 beginnt die Geschichte der Stadt „nourenberc" (felsiger Berg). Entwicklung einer Siedlung unterhalb der Burg, Aufschwung durch Handwerk und Fernhandel. Mit der „Goldenen Bulle" bestimmt Karl IV. 1356, daß jeder neu gewählte König seinen ersten Reichstag in Nürnberg abzuhalten hat. Ab 1424 Aufbewahrungsort der Reichskleinodien. Die europäische Metropole wird ein Zentrum des deutschen Humanismus, der Wissenschaften, der Malerei und Bildhauerei. Dreißigjähriger Krieg und neue Handelswege zur See treffen den Lebensnerv der Stadt. Das Zeitalter der Industrialisierung wird von Namen wie Cramer-Klett und Siemens Schuckert geprägt, die erste deutsche Eisenbahn fährt 1835 von Nürnberg nach Fürth. Im Januar 1945 versinkt des „Deutschen Reiches Schatzkästlein" in Schutt und Asche. Nach dem Wiederaufbau ist Nürnberg Sitz international bekannter Firmen, Messe- und Kongreßplatz, Verkehrsdrehscheibe im nördlichen Bayern und Kulturstadt.

Albrecht-Dürer-Haus (120), Altstadtfest (93), Altstadthof (113), Altstadthof-Theater (68), Attacke (74), Balazzo Brozzi (78), Bardentreffen (65), Biergärten (83), Café Sebald (77), Cantina (81), Christkindlesmarkt (9), City-Marathon (23), Cpt. Ahab (78f), Das Boot (75), Domicil (75), Ehekarussell (51), Einkaufen (134), Eishockey (20), Eröffnung der Lebkuchensaison (93), Fernmeldeturm (44), Flugplatz (34), Frankenhalle (63), Frauenkirche (131), Freudenpark (72), Frühstücken

Die

Für die Ferienplanung oder den Ausflug:

aktuellsten Franken- Prospekte

Gegen eine geringe Schutzgebühr erhalten Sie in der Tourist Information Nürnberg im Hauptbahnhof (Mittelhalle) und am Hauptmarkt (Rathaus) eine große Auswahl an Franken-Prospekten.

Möchten Sie wissen, ob wir auch "Ihren" Prospekt bereithalten? Rufen Sie uns an:
Hauptbahnhof, 0911-2336-32,
Hauptmarkt, 0911-2336-35.

Nürnberg

(73) Fußball (20f), Galerien (19), Gelbes Haus (70), Germanisches Nationalmuseum (13), Gostner Hoftheater (85), Hallenbäder (28), Hallerwiese und Barockgärten (108), Hammett's American Bar (72), Handwerkerhof (114), Heilig-Geist-Spital (115), Historisches Straßenbahndepot (122), Hydrant (114), Industriesiedlung Hammer (114), Internationale Orgelwoche (66), Jazz Ost West (66), Jazz-Studio (69, 87) K-Fee (79), Kaiserburg (8), Kartenvorverkauf Sport (21), Kleine Komödie (68), Komm (86), Kunsthalle (19), Kunstverein (86), Lavazza (80), Lochgefängnisse (38), Mach 1 (74, 86) Marionetten-Theater (69, 38), Meisengeige (79), Messen in Nürnberg (62f), Museum Industriekultur (121), Naturhistorisches Museum (121), Nikolaus-Kopernikus-Planetarium (33), Norisring-Rennen (22), Nürnberger Burgtheater (69), O'Neill's (79), Paradies Travestie Cabaret (69), Radkriterium (23), Rathaus (115), Reichsparteitaggelände (115), Resi (86), Rockhaus Luise (87), Rosezky's (80), Ruhestörung (82), Schiffahrt Gebersdorf (47), Schloß Neunhof (103), Scholz (71), Schöner Brunnen (51), Schulmuseum (121), Spargelmarkt (123), Spielzeugmuseum (121), Sportkletter-Weltcup (20), St. Johannisfriedhof (59), St. Lorenz (130f), St. Rochusfriedhof (59), St. Sebald (130), Städtische Bühnen Opernhaus - Schauspielhaus - Kammerspiele (68), Stadtmuseum Fembohaus (120), Starclub (81), Steinplatte (71), Sternwarte (29), Straßenbahnlinie 5 (47), Tafelhalle (85), Tassilo-Theater (69), Technisches Uhrenmuseum (121f), Theater im Altstadthof (84), Tiefer Brunnen (51f), Tiergarten/Delphinarium (37), Trempelmärkte (53), Trocadèro (80), Tucherschlößchen (103), Tugendbrunnen (52), Verkehrsmuseum (10), Volksfest (89/92), Walfisch (72), Wehrkirche Unseren lieben Frauen (132), Zeitungs-Café in der Stadtbibliothek (80)

PFAFFENHOFEN (Kreisstadt Roth)

Vorwahl 09171, ca. 1.300 E., Kreis Roth. Stadtverwaltung Roth: 09171/8480

Durch die idyllische Lage Pfaffenhofens im Rednitztal kann man hier auf verschiedene Art und Weise seine Freizeit verbringen: Wandern oder Radfahren im Tal in Richtung Rednitzhembach, es gibt einen Bootsverleih und einen Besuch wert ist auch die Ottilienkirche im Markgrafenstil.

PFOFELD

Vorwahl: 09831, ca. 1.300 E., Kreis Weißenburg - Gunzenhausen. Kreisverkehrsamt: 09831/3691

Stattliches Bauerndorf in der Nähe des Kleinen Brombachsees und des Limes. Der freundliche Ortsteil Thannhausen mit prächtigem Blumenschmuck (Bundessieger „Unser Dorf soll schöner werden" 1977) ist die Heimat des sagenumwobenen Minnesängers Tannhäuser.

PLECH

Vorwahl: 09244, 900 E., Kreis Bayreuth. Gemeindeamt: 09244/360

Der Ort liegt inmitten einer waldreichen und malerischen Landschaft an der Grenze zwischen Hersbrucker und Fränkischer Schweiz.

Fränkisches Wunderland (38f)

PLEINFELD

Vorwahl: 09144, ca. 7.000 E., Kreis Weißenburg - Gunzenhausen. Verkehrs- und Reisebüros: 09144/6777

Marktflecken im Tal der Schwäbischen Rezat mit ehemaligem Schloß, Pfarrhof und Teilen einer Stadtbefestigung.

Heimat- und Brauereimuseum (122), Radverleih (32), Sommerrodelbahn (39)

PRETZFELD

Vorwahl: 09194, ca. 2.300 E., Kreis Forchheim. Marktverwaltung: 09194/8146

Am Eingang des lieblichen Trubachtales, inmitten des größten Kirschanbaugebietes im EG-Raum. Malerische Schloßanlage (Besichtigung nur auf Anfrage 09194/5640).

Fränkisches Kirchenfest (90), St. Kilian-Kirche (132)

ROTH

Vorwahl: 09171, ca. 23.000 E., Kreis Roth Stadtverwaltung 09171/8480

1060 erstmals urkundlich erwähnt, einstige Markgrafenstadt, große Grün- und Parkanlagen. Vielfältige Freizeitmöglichkeiten am Rothsee.

Bauernmarkt (53), Fabrikmuseum (122f), Gredl-Bahn (11), Historischer Eisenhammer (122), Ironman Europe (23), Schloß Ratibor (103), Wandertouren zu Fuß (54)

SCHEINFELD

Vorwahl 09162, ca. 4.100 E., Kreis Neustadt Aisch - Bad Windsheim. Verkehrsverein: 09162/235

Malerisches Frankenstädtchen mit Tortürm und schönen Fachwerkhäusern. Bereits 795 erwähnt, kurz nach 1400 stadtmäßig ausgebaut. Kirche mit Rokoko-Ausstattung, Schloß Schwarzenberg mit ausgedehnter Burganlage, Kloster mit barocker Wallfahrtskirche.

SCHNAITTACH

Vorwahl 09153, ca. 7.200 E., Kreis Nürnberger Land.. Verkehrsverein: 09153/4090

Hoch über dem Eingangstor zur Hersbrucker und Fränkischen Schweiz thront die churbayrische Festungsruine Rothenberg. Barocke Kalvarienbergkapelle und Heimatmuseum mit 22 Räumen.

Festungsruine Rothenberg (103)

SCHWABACH

Vorwahl: 09122, ca. 37.000 E., kreisfrei. Kulturamt: 09122/860305

Für beispielhafte Altstadtsanierung mit der „Europa nostra"-Medaille ausgezeichnet. Einer der schönsten altfränkischen Marktplätze mit Fußgängerzone, Brunnen und Wochenmarkt. Hübsche Fachwerkhäuser, zum Teil mit Innenhöfen. Große Handwerkertradition in der Nadelherstellung und Goldschlägerei. Idyllische Häuserzeilen an der Schwabach.

Bürgerfest (91), Einkaufen (135), Galerien (19), Lichtspielhaus (82), Marionettenbühne (39), Rathaus (115), Stadtkirche (132)

SCHWARZENBRUCK

Vorwahl: 09128, ca. 8.500 E., Kreis Nürnberger Land. Gemeindeverwaltung: 09128/9911-13

Aufstrebende Wohnsiedlungsgemeinde im Lorenzer Reichswald mit vielfältigem Kultur- und Freizeitangebot. Ideales Wandergebiet mit Bach- und Flußtälern und der zwei Kilometer langen Schwarzachklamm bei Gsteinach. Das Petzsche Schloß (stattlicher Nürnberger Patriziersitz) und das Schloß Faber-Castell (Altenheim) bieten jedoch leider keine Innenbesichtigung.

Brückkanal (49), Gustav-Adolf-Höhle (41f), Karlshöhle (41f)

SIMMELSDORF

Vorwahl 09155, ca. 2.700 E., Kreis Nürnberger Land. Gemeindeverwaltung: 09155/327

Zwischen bewaldeten Hügeln am Ausgangspunkt romantischer Juratäler gelegen. Mitten in einem Park liegt das Fachwerkschlößchen der Tucher. Das danebenliegende alte Schloß war ursprünglich eine Wasserburg und ist ein gutes Beispiel für einen typischen Nürnberger Patriziersitz.

SPALT

Vorwahl: 09172, 5.000 E., Kreis Roth. Verkehrsamt: 09175/601

Durch Hopfenanbau bekanntes Städtchen im Fränkischen Seenland mit vielen reizvollen Fachwerkbauten (u.a. Kornhaus um 1400). Gegründet als Benediktinerabtei in karolingischer Zeit um 800, um 1031 erstmals als Weinlieferant Karls des Großen urkundlich erwähnt. Im höhergelegenen Straßendorf Großweingarten stattliche Stein- und Fachwerkhäuser mit typischen, hohen Dächern zur Hopfentrocknung.

Faschingstreiben (88), Radverleih (33), St. Emmeranskirche (132), St. Nikolaus-Kirche (133), Stephansritt (94)

STEIN

Vorwahl: 0911, 14 000 E., Kreis Fürth. Stadtverwaltung: 0911/68010

Die Stadt wurde vor allem durch die Schreibgerätefabrik A.W. Faber-Castell bekannt. Sehenswert ist das nach Plänen von Theodor von Kramer erbaute Faber-Schloß von 1903/06.

Palm-Beach Erlebnisbad (26)

THALMÄSSING

Vorwahl 09173, ca. 5.200 E., Kreis Roth. Marktgemeinde: 09173/90913

Ruhiger, von großen Marktflecken eingebetteter, früher markgräflicher Ort an der Thalach. Im Ortsteil Eysölden Pfarrkirche von 1600 und spätgotische, vierflügelige Schloßanlage.

Burgstall Landeck (45), Göllersreuther Platte (45), Vor- und frühgeschichtliches Museum (123), Wandertouren zu Fuß (55f)

TREUCHTLINGEN

Vorwahl 09142, ca. 13.000 E., Kreis Weißenburg-Gunzenhausen. Verkehrsamt: 09142/3121

Staatlich anerkannter Erholungsort im Naturpark Altmühltal an der Ferienstraße „Alpen-Ostsee" gelegen. Einstige Römersiedlung, wurde erstmals 893 erwähnt.

Altmühltherme (26), Busfahrt (47), Karlsgraben (Fossa Carolina) (49), Naturpark Altmühltal (61), Radverleih (33), Stadtschloß (104)

UNTERLEINLEITER

Vorwahl: 09194, ca. 1.200 E., Kreis Forchheim. Gemeinde: 09194/9530

Sommerfrische im stillen Leinleitertal mit vielen markierten Wanderwegen, evang. Pfarrkirche (15. Jahrhundert) und Schloß (16. Jahrhundert).

VELDEN

Vorwahl: 09152, ca. 1.800 E., Kreis Nürnberger Land. Verkehrsamt: 09152/7195

Staatlich anerkannter Erholungsort; hübsches altes Städtchen, umgeben von Hügeln und Felspartien. Einst karolingisches Krongut, erstmals 889 erwähnt.

Radverleih (33)

VORRA

Vorwahl: 09152, ca. 2.000 E., Kreis Nürnberger Land. Gemeindeverwaltung: 09152/8124

Einer der ältesten Orte des Pegnitztales und eine der führenden Sommerfrischen der Frankenalb.

Fahrradverleih (33)

WEISSENBURG (i.Bay.)

Vorwahl: 09141, ca. 18.000 E., Kreis Weißenburg-Gunzenhausen. Tourist Information: 09141/907-124

Ehemals Freie Reichsstadt die das Bild einer fränkisch-mittelalterlichen Bürgerstadt bewahrt hat. Römerkastell, 89 n. Chr. vermutlicher Baubeginn, schon auf der berühmten römischen Straßenkarte „Tabula Peutingeriana" aus dem 3. Jahrhundert verzeichnet. Später Königshof, 793 soll Karl der Große anläßlich des Baus der „Fossa Carolina" hier gewohnt haben. Ab 1241 städtische Selbstverwaltung, 1802 Verlust der Reichsfreiheit. Nach Kurbaiern und Preußen fiel Weißenburg 1806 endgültig an das Königreich Bayern.

Andreaskirche (133), Apothekenmuseum (123), Das Besondere Theater (69), Kastell Biriciana (18), Limes (18), Limes-Bad (26), Naturpark Altmühltal (61), Radverleih (33), Römermuseum (18), Römische Thermen (14), Tiefer Brunnen (52), Wandertouren zu Fuß (56), Wülzburg (104)

WENDELSTEIN

Vorwahl 09129, ca. 15.000 E., Kreis Roth. Marktgemeinde: 09129/401-44

Erstmals 1259 urkundlich erwähntes einstiges Handwerkerdorf der Messerer und Klingenschmiede. Heute eine schmucke Marktgemeinde. Das kulturelle Angebot ist vorbildlich, Ludwigskanal und Schwarzachtalsorgen für hohen Freizeitwert.

Allerheiligenkirche (133)

WINDSBACH

Vorwahl: 09871, ca. 5.300 E., Landkreis Ansbach. Stadtverwaltung: 09871/821

Gemütliches Städtchen an der Rezat. Heimat des Minnesängers „Windsbecke". Bekannt durch den weltberühmten Windsbacher Knabenchor.

Puppentheater Kaspari (39)

ZIRNDORF

Vorwahl 0911, ca. 14.000 E., Kreis Fürth. Stadtverwaltung: 0911/69200

Malerische Stadt im Bibertgrund gelegen und vor allem wegen seines guten Bieres bekannt, das hier seit 300 Jahren gebraut wird. Wallenstein-Lager während des 30jährigen Krieges. Sehenswerte evang. Pfarrkirche und einige schöne Fachwerkhäuser.

Bildnachweis

Wir bedanken uns bei folgenden Fotografen und Institutionen für das Bildmaterial, das uns freundlicherweise zur Verfügung gestellt wurde:

Titel: Fremdenverkehrsverband Franken
AFAG (21, 63), Ansbach Verkehrsamt (105), Bartsch, Werner (71, 72, 75-87), Congress und Tourismus-Zentrale Nürnberg (8, 9, 52, 59, 65, 73), Dennerlohr, Carin (13, 31, 37, 45, 53, 58, 60, 114, 131), Forchheim Fremdenverkehrsamt (118), Fränkisches Wunderland (38), Fremdenverkehrsverband Franken (11, 17, 18, 32, 35, 40/41, 43, 47, 48, 51, 61, 92, 96, 101, 102, 104, 108, 111, 120, 125), Gemeinde Neuendettelsau (27), Gößweinstein Verkehrsamt (99, 127), Haberstroh, Max (94), Landkreis Roth (55, 89, 91, 123), Naturpark Altmühltal (15, 56), Rundfunkmuseum Brunn (116), Sport Promotion (22), Stadt Fürth (112), Stadt Hilpoltstein (129), Stadt Nürnberg (28, 29), Städtische Bühnen Nürnberg (67), Tourismuszentrale Fränkische Schweiz (133), Verkehrs-Aktiengesellschaft Nürnberg (46), Verkehrsmuseum Nürnberg (10)

Bus und Bahn für Neu-Einsteiger

Das kleine 1 x 1 zum Kennenlernen

Verkehrsverbund Großraum Nürnberg

Willkommen beim VGN

Als Neu-Einsteiger haben Sie bestimmt viele Fragen zum Fahren mit Bussen und Bahnen. Dieser Prospekt beantwortet Ihnen alles, was Sie anfangs wissen müssen. Haben Sie ganz spezielle Fragen, fordern Sie einfach mit dem Coupon auf der letzten Seite die gewünschten Informationen an. Viel Spaß beim Lesen und Fahren mit dem VGN!

Ihre Bewegungs-Freiheit im VGN ist einfach riesig

Hier sind Sie mobil

Der Bereich des VGN ist dreimal so groß wie das Saarland. Trotz dieser enormen Größe können Sie mit nur einem Fahrschein kreuz und quer in alle Richtungen fahren. – Egal, ob von Neumarkt bis Ansbach oder von Treuchtlingen bis Heiligenstadt …

Ihre Verkehrsmittel

Mit Ihrer VGN-Fahrkarte können Sie über 200 Bus- und Bahnlinien nutzen:

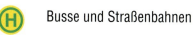 Busse und Straßenbahnen

 U-Bahnen

S-Bahnen

 R-Bahnen

Für jeden das richtige: VGN-Fahrkarten

Das vielseitige Fahrkarten-Angebot paßt sich Ihren Interessen an

Das VGN-Gebiet ist nach Bereichen (Fachjargon: Tarifstufen) strukturiert. So ist es möglich, für unterschiedliche Entfernungen einen gerechten Preis anzubieten. Das bedeutet: Für welche Fahrkarte Sie sich auch entscheiden, Sie erhalten immer die richtige für **Ihren** Weg.
Kinder bis 6 Jahre fahren übrigens umsonst.

Einzelfahrkarten und Streifenkarten
Für Gelegenheitsfahrer. Einzelfahrkarten gelten immer für eine Fahrt, mit Streifenkarten können Sie – je nach Entfernung – mehrmals fahren.

Familien-Tages-/Wochenendkarten
Für kleine Gruppen. Die Familien-Tages-/Wochenendkarte gilt einen Tag oder ein Wochenende lang für beliebig häufige Fahrten. Sie können zusammen mit einem Erwachsenen und vier Kindern (bis 17 Jahre) in einer Stadt oder kreuz und quer im gesamten VGN-Bereich fahren.

Umwelt-Jahres-Abo
Das Spar-Angebot für Dauernutzer. Mit dem Umwelt-Jahres-Abo können Sie 12 Monate lang fahren, obwohl Sie nur für 9,5 Monate zahlen. Das bequeme Abbuchungs-Verfahren erspart Ihnen monatliche Wege und Wartezeiten.

MobiCard
Für flexiblen Einsatz. Die MobiCard gibt es für 7 oder für 31 Tage. Sie gilt rund um die Uhr. Nach 9.00 Uhr können Sie sogar einen Erwachsenen und vier Kinder mitnehmen. Und das beste daran: Sie können Ihre MobiCard an jede x-beliebige Person weitergeben.

Zu sechst auf Tour

Tag und Nacht geöffnet– der Fahrkarten-Automat

Am Fahrkarten-Automaten erhalten Sie Einzel-, Streifen- und Tageskarten. Sie finden ihn in allen U- und DB-Bahnhöfen bzw. an vielbefahrenen Haltestellen. Er nimmt fünf verschiedene Münzen und 10,–/20,– DM-Scheine. Sein besonderer Service: Bis auf die Streifenkarte stempelt er Ihre Fahrkarte bereits mit Datum und Uhrzeit. Streifenkarten bitte selbst entwerten!

Rund um die Uhr im Einsatz

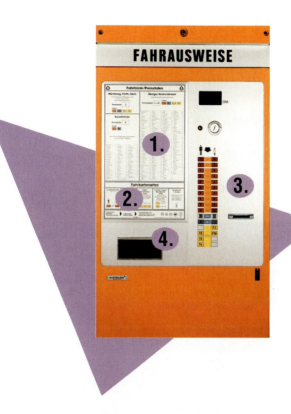

Automaten-Kurz-Info

1. Hier finden Sie die zu Ihrem Fahrziel passende Tarifstufe

2. Entscheidungshilfe für die Wahl der richtigen Fahrkarte

3. Mit einer dieser Tasten bestimmen Sie Ihre Fahrkarte

4. Fahrkarten- und evtl. Restgeld-Entnahme

5. Gute Fahrt!

Ihr Auto und der VGN

Bitte Platz nehmen!

Park and ride

Wenn Sie Ihr Auto mit öffentlichen Verkehrsmitteln geschickt kombinieren, ersparen Sie sich Streß, Stau und Parkplatz-Sorgen. Stellen Sie Ihr Auto einfach auf einen Parkplatz mit diesem Symbol P+R ab und lassen sich dann vom VGN bequem zu Ihrem Ziel chauffieren.

Hauptsache Ihr Chauffeur ist wach

Beim VGN haben Sie hunderterlei Möglichkeiten, Ihr Auto auf einen P+R-Platz abzustellen und auf öffentliche Verkehrsmittel umzusteigen. Möchten Sie wissen, welcher P+R-Platz in Ihrer Nähe liegt? Dann fordern Sie einfach den neuesten P+R-Prospekt mit dem Coupon auf der letzten Seite an.

Der VGN-Service – einfach riesig

Hätten Sie gedacht, daß Ihr Straßenbahnfahrer ein Taxi für Sie ruft? Oder daß viele Geschäfte Ihre Bus- oder Bahnfahrt mit Bargeld honorieren? Falls nicht, lesen Sie hier gleich mal nach, welche Extras Ihnen der VGN bietet.

 Ihr Fahrrad fährt mit…
… in den Bahnen des VGN (U-, S-, R-Bahn), am Wochenende rund um die Uhr. An Werktagen von 6.00 bis 8.00 Uhr und 15.00 bis 18.30 Uhr können Fahrräder nur im Gepäckwagen befördert weden. Bitte beachten Sie die Hinweise in den Info-Vitrinen der Bahnhöfe und im Fahrplan.

 **Bargeld lacht**
Kaufen Sie für über 20,– DM in einem Geschäft mit diesem Zeichen ein, bekommen Sie dort gegen Vorlage Ihres Fahrscheins 1,– DM.

 **Eintrittskarte = Fahrkarte**
Haben Sie Karten für die Oper, fürs Theater oder z. B. für ein Bundesliga-Spiel des 1. FCN? Schauen Sie gleich mal nach: Trägt Ihre Eintrittskarte das hier abgebildete Zeichen, gilt sie automatisch als Fahrkarte zu dieser Veranstaltung und zurück!

 **Taxi kommt**
Möchten Sie nach Ihrer Bus- oder Straßenbahnfahrt auf ein Taxi umsteigen? - Kein Problem. Die VAG-Fahrer rufen Ihnen nach 19.00 Uhr gern kostenlos ein Taxi an einen zentralen Umsteigepunkt Ihrer Wahl.

Ihr persönlicher Fahrplan
Der VGN hilft Ihnen gerne beim Zusammenstellen Ihrer optimalen Verkehrsverbindung: Rufen Sie uns einfach an und sagen uns, von wo bis wo Sie fahren und wann Sie ankommen möchten. Nach diesen Angaben stellen wir dann Ihren persönlichen Fahrplan zusammen.
- Kostenlos und unverbindlich.

Wer hilft weiter?

Beratung wird bei uns ganz groß geschrieben: Das Wichtigste erfahren Sie beim Lesen der VGN-Prospekte. Haben Sie jedoch persönliche Fragen zum Fahren mit Bussen und Bahnen, reichen die gedruckten Informationen oft nicht aus. Natürlich helfen wir Ihnen dann gerne weiter. Rufen Sie einfach einen unserer Partner (siehe übernächste Seite) oder uns unter **0911/270 75-0** an.

"7.51 Uhr, Gleis 5, F 10, 6 Personen"

Sie können aber auch jeden Bus- oder Straßenbahnfahrer um Rat fragen. Oder Sie informieren sich direkt vor Ort. Über 400 Mitarbeiter der großen Verkehrsunternehmen erwarten Sie in 250 Verkaufsstellen.

Wo gibt's was?

- Einzelfahrkarten, Streifenkarten und Familien-Tages-/Wochenendkarten erhalten Sie am einfachsten an den Fahrkarten-Automaten.

- Zeitkarten, wie beispielsweise die MobiCard, können Sie in den VGN-Verkaufsstellen kaufen.

- Bestellscheine für das Umwelt-Jahres-Abo erhalten Sie in jeder Verkaufsstelle.

- Außerdem können Sie auch bei den Bus- und Straßenbahnfahrern Einzelfahrkarten und Familien-Tages-/Wochenendkarte direkt kaufen. Busfahrer, die in der Region unterwegs sind, bieten sogar das Zeitkarten-Sortiment an.

Die Verkehrsunternehmen– Ihre und unsere Partner

VAG — Verkehrs-Aktiengesellschaft, Kundenzentrale Nürnberg, Am Plärrer 27, Tel. 09 11/2 83-46 46

STWF — Stadtwerke Fürth, Kundenbüro Fürth, Hauptbahnhof, Tel. 09 11/2 83-46 46

ESTW — Erlanger Stadtwerke AG, Äußere Brucker Straße 33, Tel. 0 91 31/8 23-4 00

 Deutsche Bundesbahn, Verbundschalter Nürnberg, Hauptbahnhof, Tel. 09 11/2 19-26 66

OVF — Omnibusverkehr Franken GmbH, Verkaufsbüro Nürnberg, Gleißbühlstraße 7, Tel. 09 11/2 44 01-62
Verkaufsbüro Erlangen, Bahnhofplatz 1, Tel. 0 91 31/2 90 59

Wutzer — Wutzer & Co., Verkehrskiosk Schwabach, Martin-Luther-Platz, Tel. 0 91 22/1 59 01

Bärenstarke Partner

Ausschneiden und ab die Post

C O U P O N

Ich möchte mehr erfahren:

◯ **Welche Verbindung ist die beste für mich?**

◯ **Welche Fahrkarte ist für meinen Zweck richtig?**

Fahrt:
- ☐ regelmäßig, alleine
- ☐ regelmäßig, mit mehreren Personen
- ☐ selten, alleine
- ☐ selten, mit mehreren Personen

☐ Sonstiges _____
_____

_____
Einstiegshaltestelle und/oder P+R-Platz

Zielhaltestelle _____

Ankunft von _____ bis _____ Uhr

Rückfahrt von _____ bis _____ Uhr

◯ **Park and Ride interessiert mich für den Bereich**
- ☐ Nürnberg-Fürth
- ☐ Region Nord/Ost
- ☐ Region Süd/Ost
- ☐ Region West

◯ **Ich habe eine Frage zu** _____
_____

Nutzen Sie unseren Info-Service: Tragen Sie auf dem Coupon einfach Ihre Wünsche ein (Absender nicht vergessen) und ab geht die Post an den VGN!

Überzeugt? Na dann, herzlich willkommen!!!

Verkehrsverbund Großraum Nürnberg

VGN, Am Plärrer 31, 90443 Nürnberg